LA RAZÓN DE MI ESPERANZA

Salvación

BILLY GRAHAM

GRUPO NELSON
Una división de Thomas Nelson Publishers
Desde 1798

NASHVILLE   DALLAS   MÉXICO DF.   RÍO DE JANEIRO

Editora en Jefe: *Graciela Lelli*
Traducción: *Eugenio Orellana*
Edición de la versión en español: *Omayra Ortiz*
Adaptación del diseño al español: *Grupo Nivel Uno, Inc.*

ISBN: 978-1-60255-966-0

Impreso en Estados Unidos de América

13 14 15 16 17 RRD 9 8 7 6 5 4 3 2 1

Contenido

Reconocimientos   v

Introducción   vii

1. Rescatado para algo   1

2. La gran redención   15

3. El pecado está adentro   33

4. El precio de la victoria   53

5. ¿Dónde está Jesús?   73

6. Definición de cristianismo en un mundo de diseñador   97

7. En el infierno no hay esperanza de hora feliz   127

8. Él volverá   151

Epílogo: Viviendo la vida con esperanza   175

Notas   181

Acerca del autor   197

Reconocimientos

UNO DE LOS MÁS GRANDES privilegios de mi vida ha sido asociarme, a través de los años, con numerosos hombres y mujeres a quienes Dios ha usado para modelar mi vida y afinar mi comprensión de su Palabra, la Biblia. En este libro he intentado resumir las Buenas Nuevas que he predicado durante mi ministerio, y doy gracias a Dios por la contribución que estas innumerables personas han hecho a mi vida y, por consiguiente, a este libro.

Estoy especialmente agradecido a mi hijo Franklin por su visión para este proyecto y por su constante aliento mientras escribía. También agradezco profundamente a mi colega de toda la vida, el doctor David Bruce, por su invaluable asistencia a este proyecto coordinando su desarrollo y publicación. Como lo han hecho en anteriores proyectos, mis editores en Thomas Nelson, David Moberg y Matt Baugher, han dado generosamente de su tiempo y sabiduría en este esfuerzo.

Mi agradecimiento especial a Donna Lee Toney, cuyas habilidades para la investigación me permitieron incluir muchas ilustraciones contemporáneas que harán, estoy seguro, que el mensaje eterno de la Biblia cobre vida para una nueva generación de lectores. De aun mayor importancia fue su diligencia al trabajar codo a codo conmigo en el manuscrito hasta darle la forma final. Sin su dedicación, conocimiento único de las Escrituras y su destreza para la redacción, este libro no habría sido posible.

—Billy Graham
Montreat, Carolina del Norte
Mayo 2013

Introducción

L ESPERANZA ES UN REGALO. ¿Ha recibido alguna vez un premio que le haya sacado de la incertidumbre para llevarle a la seguridad más absoluta? Si su respuesta es sí, entonces ha poseído esperanza. Cuando la esperanza llega, la desesperación se va. Un viejo proverbio escocés dice: «Si no fuera por la esperanza, el corazón se rompería». ¿En qué condición está su corazón?

La humanidad está siendo bombardeada con noticias sobre la incertidumbre en el mundo. Los corazones están paralizados por el miedo a lo desconocido. En un artículo publicado por World Trends Research acerca de lo acelerado de nuestra sociedad y la alta tecnología, Van Wishard escribió: «Las siguientes tres décadas se vislumbran como los treinta años más decisivos de la historia».[1] No hay duda que vivimos tiempos tumultuosos.

La incertidumbre está tan extendida que el último grito de la moda en la industria de las tarjetas postales es ofrecer ánimo a través de tarjetas electrónicas que aparecen en la pantalla del computador del usuario. Una dice: «Ante la incertidumbre, no hay nada malo con la esperanza». Otra, sencillamente, muestra el letrero de una calle llamada Avenida ESPERANZA con un cartel en la parte inferior que dice: UNA SOLA VÍA.

Sin duda, hay solo una vía que conduce a este tipo de certidumbre para el día de hoy y para el futuro, y este es el mensaje que quiero compartir con usted en las páginas de este libro. En tiempos como estos, necesitamos una esperanza segura.

Pero, ¿qué es la esperanza? Hay quienes la equiparan con un deseo fantástico. Pero la palabra refuta con confianza para invitarnos a creer en algo más grande que nosotros, y que no se encuentra en la ciencia, en la medicina, en los gobiernos ni en la tecnología. Es un magnífico regalo que no drena nuestra vida sino que nos satura con beneficios permanentes que brotan de sus tesoros aparentemente ocultos. Si usted duda de mi tesis, considere estas verdades.

Esperanza es el aliento de la naturaleza que nos envuelve cada día.

Esperanza es como una ramita que crece en la grieta de una roca secada por el sol y nos confirma el agua de vida en su interior.

Esperanza es el primer rayo de sol que se encumbra en el horizonte cada mañana, sin fallar, como una verdad abrasadora que nos recuerda que vamos a salir adelante.

La esperanza entra en acción cuando la luna aparece en la noche oscura, anunciando que un nuevo día comienza a declinar.

Esperanza es lo que estalla en un náufrago agotado cuando divisa un barco que parece un punto a la distancia y que se va haciendo más grande con cada ola que pasa.

La esperanza encabeza los discursos de graduación para inspirar a los graduados a medida que se embarcan en la nueva vida que tienen por delante y se adentran en un camino lleno de posibilidades.

Esperanza es el llanto de un recién nacido, antes confinado y que ahora es libre.

¿Ha vislumbrado el resplandor de la esperanza? Encienda un fósforo y acérquelo a una vela. Descubrirá que el susurro de su llama trae vida a un cuarto, haciendo que la vela sea útil. ¿Está su llama encendida y marcando una diferencia en el mundo? LA ESPERANZA PENETRA LA OSCURIDAD.

Esperanza es la certeza absoluta de que hay vida después de la muerte. Para aquellos que han perdido a algún ser querido, y todos hemos perdido a alguien, la ESPERANZA TRAE CONSUELO a nuestras almas adoloridas. La esperanza persevera, convence, prevalece.

UN REGALO A LA HUMANIDAD

Durante décadas el mundo se ha maravillado ante una joya que, en un momento, fue parte de una corona: el Diamante Esperanza, un deslumbrante diamante azul de cuarenta y cinco quilates y con un valor estimado de $250.000.000.[2] Su último dueño donó este tesoro histórico al Smithsonian Museum como «un regalo a la humanidad».[3] Solitario, reposa en una pequeña urna de vidrio a prueba de balas.

¿Qué esperanza trae a la humanidad esta rara piedra preciosa? Si bien es grande en gloria, es intocable; valiosa, pero no inestimable; un regalo *a* la humanidad pero protegida, bajo llave, *de* la humanidad para su seguridad.

¿Acaso la esperanza para usted está encerrada, inaccesible, intocable?

Quizás está anhelando tener esperanza, pero no la puede encontrar. En estas páginas iremos tras esa búsqueda de esperanza que trae certeza, si la recibimos con los brazos abiertos. Le aseguro que no está lejos de usted ni encerrada en un museo. Está disponible para usted y llega como esperanza que procede de arriba.

No es una aspiración futurista; es el fundamento de la fe.

Un nuevo documento

Un filósofo contemporáneo, el fallecido Richard Rorty, sostenía que la esperanza apoyada en la promesa de Jesucristo de volver a la tierra ha fracasado porque Él no ha regresado. Este filósofo creía que para que la esperanza exista otra vez se requiere de un nuevo documento de promesa.[4]

Mi amigo, hay un documento de promesa que nunca ha perdido su vigencia. Y es nuevo cada mañana.

La Biblia dice que Jesucristo es justo la esperanza que el Libro contiene. Él es la única esperanza para la humanidad. Él vino para abrir la puerta de su alma y traer la luz de salvación a su vida. «Porque nunca decayeron sus misericordias. Nuevas son cada mañana; grande es tu fidelidad» (Lamentaciones 3.22–23). Esta es *la razón de mi esperanza*; hallada en la *salvación* de Dios.

El salmista escribió: «Mi carne también reposará confiadamente» (Salmos 16.9). ¿Está descansando en esta promesa? La esperanza es un bien activo e invisible que paga dividendos cuando todavía vivimos.

La esperanza nos acompañará cuando vayamos por mañanas inciertos si recibimos, por fe, la esperanza de Dios.

No tire la toalla

Hay un refrán que dice: «Cuando el mundo dice: "tira la toalla", la esperanza susurra: "Inténtalo"».

Cuando el tsunami barrió con las aldeas a lo largo del Océano Índico, algunos dijeron que se había perdido toda esperanza; pero una madre de pie en los escombros, escuchó el susurro de la esperanza mientras abrazaba a su bebé recién nacido. Aquella nueva vida había llegado durante un catastrófico terremoto y diluvio, en medio de la desesperación.[5]

Quizás la necesidad psicológica, física y espiritual más grande de todo ser humano es la necesidad de esperanza que edifica nuestra fe y nos proyecta más allá de nuestros problemas.

No vemos el agua en la roca, pero la naturaleza prueba que allí está.

No vemos lo que hay en el sendero de nuestro futuro, pero seguimos su indicación.

El Dador de esperanza

Cuando las familias en Newtown, Connecticut fueron sacudidas violentamente por el dolor de la pérdida, dirigieron acertadamente sus clamores al Dador de esperanza.

El «Regalo a la humanidad» no está en exhibición, encerrado bajo siete llaves en una urna de vidrio en un museo. El Regalo a la humanidad llegó en la forma de un Salvador personal quien pagó por nuestra libertad con su vida invaluable. Su Espíritu permanece con nosotros hoy día, trayendo salvación a todos los que quieran aceptarla. Esta esperanza es un ancla para el alma, tanto segura como inamovible.

El mensaje de este libro es *mi esperanza* para usted. Y mi oración es que sea lleno con los dividendos del gozo y de la paz, para que crea que puede ser rescatado de toda dificultad, llevándolo a la esperanza viva de salvación.

—Billy Graham
Montreat, Carolina del Norte
Mayo 2013

CAPÍTULO UNO

RESCATADO PARA ALGO

Estad siempre preparados para presentar defensa con
mansedumbre y reverencia ante todo el que os demande
razón de la esperanza que hay en vosotros.

—1 PEDRO 3.15

¿LO HAN SALVADO ALGUNA VEZ? A mí sí.

Hace muchos años estuve en un accidente aéreo que pudo haberme costado la vida a mí y a los demás pasajeros a bordo. Fue al comienzo de mi ministerio. Había viajado a Canadá para hablar en una conferencia. En aquellos días se volaba mucho en aviones pequeños. En este viaje era un Lockheed Lodestar. Mientras me acomodaba para la etapa final de mi viaje, el avión despegó suavemente desde Vancouver, Columbia Británica, a pesar de una lluvia torrencial.

Mientras los otros trece pasajeros dormitaban, yo me deleitaba admirando las Montañas Rocosas canadienses hasta que la auxiliar de vuelo me indicó que había un problema. La torre de control le había ordenado al piloto que aterrizara lo más pronto posible porque la tormenta estaba empeorando y la lluvia se estaba transformando en nieve. El apuro era que todos los aeropuertos del área se habían visto forzados a suspender sus operaciones debido a la intensa nevada.

Cuando el capitán localizó un campo abierto, anunció que iba a aterrizar el avión a través de un hueco en las nubes. Si bien su voz de mando por los altavoces era tranquilizadora, la atmósfera en el avión se intensificó cuando nos explicó que, como la nieve cubría todo el suelo, no podía determinar si era un campo arado ni podía distinguir en qué dirección corrían los surcos. «No voy a bajar el tren de aterrizaje y voy a dejar que el avión se deslice por la nieve... va a ser un aterrizaje bastante accidentado», nos advirtió.

Y en efecto, tocamos tierra. El pequeño avión dio tumbos antes de detenerse en forma abrupta. Al principio, los pasajeros gritaron pero cuando se dieron cuenta de que todos estaban a salvo, hubo lágrimas y suspiros de alivio. La esperanza de un aterrizaje seguro se había hecho realidad.

Pasamos la noche en el avión, en medio del terreno de cultivo de un granjero, y esperando que llegara ayuda. Y la ayuda llegó a través de un equipo de rescate en una carreta tirada por caballos. Estaba amaneciendo y los pasajeros estaban contentos de hacer un corto recorrido en la carreta hasta un bus que nos esperaba.

No todos los percances aéreos terminan tan bien como el nuestro, con todos los pasajeros sanos y salvos de un desastre.

SUMERGIDO EN AGUAS PROFUNDAS

La nación se sobrecogió cuando en el verano de 1999, una noticia dio la vuelta al mundo diciendo que el pequeño avión en que viajaba John F. Kennedy, hijo, estaba desaparecido. Kennedy había salido de Nueva York con su esposa Carolyn y su cuñada, Lauren Bessette, para asistir a la boda de un primo en la propiedad de la familia Kennedy, en Cape Cod, Massachusetts. Cuando no se presentaron, la boda fue pospuesta y la esperanza de celebración se transformó en desesperanza y desesperación: una historia trágica que llegó a su fin varios días después cuando la Guardia Costera recuperó los tres cuerpos sin vida del avión que se había precipitado a las aguas del Atlántico. La causa del accidente: error del piloto.

En 1996 había visitado a John y Carolyn. Era una pareja encantadora con un sinfín de oportunidades por delante. Cuando niño, John había enfrentado valientemente el horror de perder a su padre, el presidente de Estados Unidos, ultimado por una bala asesina. Años más tarde, había visto a su madre sucumbir víctima de una muerte dolorosa por cáncer. El hijo del presidente Kennedy había aprendido a superar con cortesía y amabilidad el escrutinio del ojo público siempre vigilante y de la presencia constante de los medios de comunicación. Él exhibía el porte de un sobreviviente frente a las burlas o los elogios.

También tenía un sentido de aventura. Su interés por la aviación me intrigaba debido a que a mi hijo Franklin también le encanta volar y es un experimentado piloto. Escuchar a Franklin describir lo que pudo haber ocurrido en la cabina de mando del avión de John aquella noche era escalofriante. Cuando un piloto pierde la orientación en pleno vuelo, las posibilidades de sobrevivencia son escasas.

No hay muchas esperanzas para los que se estrellan en el mar. Pocos sobreviven al impacto. Pero yo conozco a alguien que sí sobrevivió.

SACADO DEL OCÉANO

Louis (Louie) Zamperini, un ex corredor olímpico estadounidense y prisionero en la Segunda Guerra Mundial había sido mi amigo por años.

Derribado en su bombardero B-24 *Green Hornet*, vivió para contar que en 1943 se había estrellado en las aguas del Océano Pacífico, donde por cuarenta y siete días flotó a la deriva en una balsa salvavidas antes de ser capturado por los japoneses. Pasó veinte meses en un campo de prisioneros soportando tortura física y mental. Su valerosa historia —y su victoria final— se cuentan en *Inquebrantable*, que alcanzó el número uno en la lista de libros de éxito del *New York Times* y fue aclamado por la revista *Time* como el mejor libro de no ficción de 2010.[1]

Cuando finalmente fue rescatado del campo de prisioneros, regresó a California como un héroe solo para caer víctima de otro enemigo: prisionero de nuevo, aunque esta vez del alcohol. Él cuenta la historia de su rescate de esta segunda prisión, dando esperanzas a corazones cansados que anhelan ser salvos de la angustia mental, circunstancias desastrosas y derrotas físicas.

RESCATADO POR UN PESCADOR PORTUGUÉS

Mi amigo John Coale, un abogado exitoso en Washington, D.C., experimentó su roce personal con la muerte en el mar, como contó posteriormente a mi hijo Franklin.[2] John y su esposa, la abogada y periodista de televisión Greta Van Susteren, me sorprendieron asistiendo a la celebración de mi nonagésimo cumpleaños. Estuve con ellos nuevamente en 2011, cuando Greta cubrió la firma de libros en la Biblioteca Billy Graham con el ex presidente George W. Bush y su esposa Laura.

John sabe de aventuras que se vuelven peligrosas. También sabe del alivio de una operación de rescate exitosa. A él lo rescataron, en 1979, de las gélidas aguas del extremo noroeste de España el mismo día en que China invadió Vietnam.

En ese tiempo, John era un abogado inquieto, buscador de emociones intensas, pero no sabía que esta vez su viaje se volvería muy peligroso. Había estado deambulando por toda Europa, probando su suerte jugando veintiuno, y le había ido bastante bien. Pero su verdadero amor era la navegación. Experimentado marinero desde su juventud, John estaba esperando que las condiciones del tiempo le permitieran iniciar el viaje entre el norte del Atlántico hasta el Mediterráneo. Durante el invierno, la costa de Europa había sido azotada por vientos con fuerza de huracán, de modo que cuando el viento se calmó lo suficiente, John reunió a su tripulación: su hermano, catorce años mayor que él y un amigo de éste, y se hicieron a la mar. El *Wolfwood*, un velero de dos mástiles de treinta y cinco pies, zarpó del puerto de La Coruña con tres almas intrépidas a bordo. A pesar del viento bastante borrascoso, John se las arregló para izar las cuatro velas y poner el motor en una marcha que les permitiera bordear el extremo noroeste de España. Cuando estaban a cincuenta millas de la costa, la tormenta se intensificó peligrosamente, y vientos huracanados empezaron a bufar entre treinta y cinco y cincuenta y cinco nudos. La tripulación luchaba por mantenerse a bordo, mientras John trataba de mantener el bote estabilizado, sin quitar el ojo de la brújula.

¿Y entonces? ¡Un ruido espantoso! John, sin mirar, supo de qué se trataba: el mástil. La vela principal cayó sobre él y luego la vela de popa se reventó. Las velas que quedaban colapsaron envolviéndose alrededor de la hélice e inutilizando el eje. El bote comenzó a hundirse. Estalló el caos y el bote perdió poder. Como un corcho, el *Wolfwood* flotaba a la deriva mientras la cabina se llenaba de agua.

Por aquellos días, España no tenía guardacostas así que el hecho de que la antena se rompiera no hizo mucha diferencia. El ruido era ensordecedor, así que John gritó a todo pulmón: «¡Abandonen el bote!», esperando que su tripulación, a menos de medio metro de donde él estaba, pudiera oírlo.

John luchó con el ventarrón tratando de inflar la balsa salvavidas... la única posibilidad que tenían de escapar. Tratando de llevar lo esencial, John, su hermano y su amigo abandonaron como pudieron el bote, instalándose en la balsa salvavidas al tiempo que se alejaban para evitar que el viento desbaratara su única esperanza de seguridad. La corriente marina empezó a llevarlos hacia Islandia, y John se dio cuenta de que jamás sobrevivirían a una jornada de miles de millas. Si bien estaban a bordo de una balsa salvavidas, seguían enfrentando grandes peligros.

John empezó a lanzar luces de bengala esperando que alguien los viera. Mientras los muchachos se quejaban por el humo de las bengalas, John vio un atisbo de esperanza en el horizonte: un barco de pesca portugués de doscientos pies. Y pensó: *gracias a Dios, parece que tendremos ayuda. Creo que nos salvaremos.*

Después de pasar entre seis y ocho horas en alta mar, el barco pesquero estuvo a la vista. Pero cuando estuvo cerca y John estiró el cuello para apreciar los más de diez metros de altura hasta la cubierta, se preguntó cómo se las arreglarían para subir. Alguien arrojó una cuerda que descendió girando como un tornado. Sujetando su única cuerda de salvamento, los náufragos se las arreglaron para acercarse al costado de la nave. Las olas, por su parte, actuaron como un ascensor, ayudando a que todos fueran alzados, uno a la vez. Desde cubierta, los pescadores los izaron más de cinco metros hasta que todos estuvieron a salvo.

Aunque los fornidos pescadores de la embarcación no hablaban inglés, expresaron su alegría repartiendo abrazos como si ellos hubieran sido los que habían estado a punto de perecer. Lo único que pudo decir John fue: «Gracias, Señor, por concederme este día». Después de todo, había esperanza para el futuro.

Años más tarde, reflexionando sobre aquella experiencia, John recordó:

No me di cuenta de que la noticia de aquel dramático rescate había llegado a tierra firme antes que nosotros. Cuando atracamos y fuimos escoltados fuera de la nave pesquera, nos encontramos con cámaras de televisión y periodistas por doquier. Al día siguiente, la historia apareció en primera plana, relegando a un plano secundario la invasión de Vietnam por los chinos. Supongo que fue en ese momento que realmente caló hondo en mi interior el hecho de que habíamos sido rescatados. Desde entonces, en mi experiencia como abogado defensor, ni siquiera un juez podía asustarme después de haber vivido aquella aventura.

Recuerdo haber sobrevivido mi primera tormenta en el mar unos pocos meses antes de aquel incidente. Nunca antes había sentido tanto miedo. Una niña iba en el bote y con su acento francés, me dijo: «Johnny, ¿no es esto hermoso?». Cuando miré a mi alrededor y no vi nada más que horror, las palabras de la niña me hicieron mirar más allá del terrible destino, y me permitieron admirar la poderosa belleza de una tormenta marítima. Y pensé: *aun esto es un regalo de Dios*. La realidad de aquella tormenta alejó de mí aquel miedo extremo al golpeteo de las olas y a las aguas impetuosas porque aprendí que el miedo puede ser reemplazado con la fe en la esperanza de vencer el miedo. Ser rescatado del poder del mar me hizo entender que hay «alguien» allá arriba que cuida de nosotros acá abajo.

John tiene toda la razón. Dios nos mira, y toda criatura viviente debe mirarlo a Él.

PÁNICO EN EL MAR

Algunos experimentan aventuras en la lucha por sobrevivir, mientras que otros lo hacen simplemente por el placer de experimentarlas. Y hay otros que buscan las aventuras para escapar de la rutina cotidiana de la vida. Dios nos permite saborear la aventura; es parte del ADN de la raza humana. Un ejemplo de esto son los millones de turistas que visitan lugares exóticos al otro lado del mar.

Quizás usted esté entre esos millones. Por ejemplo, ¿deseó alguna vez viajar por el Mar Mediterráneo a bordo de un crucero de lujo? El 13 de enero de 2012, muchos lo hicieron. Recién casados, retirados, graduados universitarios, excursionistas e incluso experimentados viajeros zarparon en el viaje de sus vidas a bordo de un inmenso crucero, apodado el *Titanic* del siglo veintiuno gracias a sus cabinas en primera clase y sus instalaciones de lujo. Sin embargo, para estos buscadores de aventuras sus sueños se convirtieron en una pesadilla.[3]

Dos horas después de haber abordado el *Costa Concordia* al oeste de Italia, algunos pasajeros se aprestaban a participar de una cena de siete platos con vino y champaña; otros, disfrutaban del entretenimiento que les ofrecían ilusionistas, grupos teatrales o películas.

Pero cuando los pasajeros sintieron una sacudida y se apagaron las luces, el sabor del vino no les calmó los nervios ni sus mentes siguieron fascinadas ante las grandes pantallas. En lugar de eso, el drama del *Titanic* que había ocurrido casi cien años antes —el 15 de abril de 1912— se proyectó en las mentes de los pasajeros del *Concordia*. Algunos se preguntaron si la compañía propietaria del crucero no estaría jugándoles una broma por ser viernes 13. La canción «My Heart Will Go On», interpretada por Celine Dion, y que fuera el tema de la película *Titanic* de 1997, se oía a través de los altavoces en uno de los restaurantes cuando el barco chocó contra las rocas.[4]

Imagínese la sacudida producida por un golpe que te saca de curso; las luces se apagan dejándole en una repentina oscuridad y la música romántica se detiene dando paso a un extraño silencio hasta que se escucha una voz que dice que todo está bien y asegura a los pasajeros que el sistema eléctrico ha sufrido un desperfecto temporal. Este era el escenario. Luego la orden es que «vuelvan a sus asientos»[5] asegurando a los pasajeros que no había razón de pánico. Pero algunos que no se sintieron tranquilos con los anuncios comenzaron a hacer sus propias evaluaciones usando sus iPhones.[6] La información que recibieron fue que el barco había escorado. La esperanza estaba en peligro.

¿Habría usted permanecido sentado? Si bien es importante seguir instrucciones, hay ocasiones en que el instinto le dice a uno que las condiciones han cambiado y que si seguimos órdenes imprudentes, nuestras vidas podrían estar en peligro. Esto es exactamente lo que ocurrió en el *Costa Concordia*. A medida que las mesas empezaban a volcarse y la fina vajilla estallaba en el piso, la gente empezó a gritar y a correr hacia las puertas, abandonando restaurantes, casinos, teatros y bares. Se produjo un caos general cuando hombres, mujeres y niños pugnaban por salir a cubierta, esperando encontrarse con la luz de la luna.

Desesperada, la gente trataba de hacerse de un salvavidas y se aferraba a las barandas del barco para mantenerse en pie mientras el capitán reportaba a las autoridades que todo estaba bien y que se trataba simplemente de «una pequeña falla técnica».[7] La verdad, sin embargo, era que el barco había encallado.

Según las autoridades portuarias, el capitán continuó insistiendo que no había problemas. Ni los propietarios de la nave ni las autoridades costeras de Italia sabían del pandemonio que iba en aumento a medida que la gente se empujaba y corría por los corredores, pidiendo ayuda para llegar a cubierta donde se encontraban los botes salvavidas. Miembros de la tripulación trataban de imponer la calma, procurando que los pasajeros volvieran a sus cabinas o se mantuvieran en los salones. Desafortunadamente, algunos lo hicieron. Afortunadamente, la mayoría ignoró la orden funesta e irresponsable. La tripulación no había dado la orden de abandonar el barco, pero los pasajeros seguían suplicando por los botes salvavidas para no ahogarse.

FE EN UN BOTE SALVAVIDAS

Después del desastre, algunos reporteros se burlaron del temor de los pasajeros, diciendo que el *Concordia*, a diferencia del *Titanic*, estaba a menos de doscientos metros de la orilla.

Pese a que no era una comparación apropiada, un periodista llamó al pánico que ocurrió en el *Concordia* el «efecto *Titanic*», afirmando que los pasajeros pudieron haber tenido «la extraña sensación de que se encontraban a bordo del *Titanic* [y] que los botes salvavidas fueran su última forma de salvarse». Ellos creían que si los botes salvavidas no venían en su rescate estaban perdidos, sin esperanza. Hasta pudieron haber pensado «que los botes salvavidas, en lugar de la inteligencia humana, el buen orden, la calma y el valor, eran indispensables para salvar vidas humanas».[8]

Pero el pánico fue la reacción natural. Si usted no hubiera visto bajar los botes salvavidas, ¿habría gritado al capitán del barco para que lo

salvara? Los pasajeros sabían que los ancianos, los niños y los minusválidos serían incapaces de nadar aun aquella distancia, y mucho menos en
medio de la oscuridad y el frío de la noche.

Una pasajera contó que su marido había insistido para que ella salta-
ra al agua pero no se atrevió a hacerlo, pues no sabía nadar. Él, entonces,
le dio su chaleco salvavidas y saltó al agua, insistiendo en que confiara en
él. Al fin ella lo hizo y sobrevivió, pero su marido murió en el agua antes
que pudieran llegar a la orilla.[9]

Si bien es cierto que la historia del *Titanic* ha llegado a ser parte de la
cultura popular gracias a la película, es improbable que alguien en el siglo
pasado que se hubiera encontrado en un barco hundiéndose no haya pensado en el destino del *Titanic*. Recuerdo, cuando era un muchacho, haber
oído historias sobre la catástrofe del *Titanic* y las promesas de que ese tipo
de tragedia jamás volvería a ocurrir. Y parece que los pasajeros de los
cruceros modernos creyeron aquellas promesas.

Aferrándonos a lo que no puede salvar

Cuando tres mil doscientas almas[10] abordaron el *Concordia* lo hicieron en
el espíritu del *Titanic*: anticipaban un espléndido viaje de placer y una
belleza sobrecogedora. Un informe describía una atmósfera alegre y fes-
tiva en cubierta, mientras la embarcación navegaba dos horas después del
sol haberse escondido en el horizonte. Sin embargo, los relatos de sobrevivientes se entremezclaban con recuerdos del destino del *Titanic*.

El *Titanic* fue aclamado como un «monumento a la promesa de la
tecnología». Durante su botadura, un empleado de la compañía afirmó
con total osadía que «ni Dios mismo podrá hundir este barco».[11] Esta
pretensión fue respaldada con el hecho que el *Titanic* no llevaba suficien-
tes botes salvavidas para que fueran evacuados todos sus pasajeros y la
tripulación, si fuera necesario. Cuando la evacuación de la seguridad del
barco fue imprescindible, los botes salvavidas que se echaron al mar no
estaban completamente llenos porque aun había quienes seguían creyendo que de alguna manera el *Titanic* se salvaría. Durante la evacuación se
contó de pasajeros que se rehusaron a abordar los botes salvavidas y prefirieron quedarse en el calor y las luces del barco condenado a hundirse.[12]

Estas personas no se imaginaban que en el transcurso de una hora su decisión los llevaría a perecer en aquellas gélidas aguas.

En contraste, se dice que los miembros de la tripulación del *Concordia* «empujaban a los pasajeros para ponerse ellos a salvo. Uno de los tripulantes no dejaba de gritar: "¡No quiero morir!". Un pasajero que "venía huyendo del terror que se estaba viviendo en el interior del crucero, y que de repente se encontró colgando del casco de una embarcación hundiéndose" dijo que aquello era "despertar de una pesadilla para caer en otra"».[13] Este pasajero no pudo encontrar la forma de salvarse a sí mismo, pero estaba agradecido de que otros lo hubieran ayudado a sobrevivir.

Treinta y dos personas perecieron, a diferencia del *Titanic* donde los muertos superaron los mil quinientos.[14] Y en lugar de hundirse completamente, como el *Titanic*, el *Concordia* quedó apoyado precariamente sobre su costado, balanceándose en una saliente rocosa sumergida, con el lado izquierdo —babor— fuera del agua. Por más de un año,[15] la continua imagen del barco medio sumergido fue un recordatorio de que aunque los humanos podemos jactarnos de nuestras habilidades y tecnologías, a fin de cuentas no somos capaces ni de salvarnos a nosotros mismos ni a los trofeos de nuestros logros. Geraldo Rivera lo señaló sucintamente en un programa especial de Fox News sobre esta gran tragedia y donde se intentaba responder a la pregunta: ¿cómo es posible que algo así ocurra en estos días y en esta era? El documental concluyó:

> Cuando estás a bordo de una de estas enormes maravillas de la ingeniería es fácil olvidar que el océano es implacable. No importa cuán sofisticada sea la tecnología ni cuán lujoso sea el entorno de un inmenso barco, no hay nada que pueda remediar el error de juicio humano, la imprudencia o la cobardía.[16]

La verdad que encierra esta fascinante declaración es precisamente la razón por la que Dios estableció una forma para que nos salváramos de nosotros mismos. Por muchos años se recordará la tragedia del *Costa Concordia* y se propondrá construir algo que no se hunda y que pueda sobreponerse al error humano, porque la debilidad fundamental de la humanidad es creer que puede salvarse a sí misma abordando su propio diseño con los controles en mano.

¿Es usted una de las personas que preferiría permanecer en la nave que se hunde para disfrutar de unos momentos más de calor y luz, mientras ve alejarse al bote salvavidas vacío hacia un lugar seguro? ¿Se soltará finalmente de lo que no puede salvarle y abordará la nave que le llevará, sano y salvo, hasta la orilla?

A medida que los informes sobre el naufragio del *Concordia* seguían llegando, me impresionó una historia que habla de la indiferencia del corazón. Muchos de los miembros de la tripulación procedieron a evacuar el barco, presos del pánico y en un intento de salvar sus propias vidas. Los pasajeros no sabían cómo llegar a los botes salvavidas. Antes de zarpar, no se hizo ninguna prueba para el caso de una emergencia. Ni hubo instrucciones para una evacuación hipotética. Algunos videos muestran a miembros de la tripulación aparentemente abordando los botes sin pensar en salvar a las mujeres, a los niños o a los pasajeros minusválidos. Se limitaban a dar palmaditas en los hombros a los pasajeros en pánico sin ofrecer una respuesta a las preguntas o sin prestar ayuda; lo único que les preocupaba era salvarse ellos mismos.[17]

Escuchamos esas historias y nos preguntamos: «¿Cómo pudo ser posible tal cosa?». Obviamente, ellos sabían cómo llegar a los botes salvavidas pero no quisieron detenerse el tiempo suficiente para explicar a los pasajeros cuál era el camino para salvarse. ¡Qué testimonio más triste a la indiferencia del corazón! Sin embargo, hubo historias de tripulantes del *Concordia,* de pasajeros y de ciudadanos en tierra que estuvieron dispuestos a deponer su propia seguridad y que, a riesgo de sus propias vidas, se propusieron salvar a otros: un cocinero indígena que ayudó a cargar de pasajeros los botes salvavidas sin preocuparse de una herida que él mismo tenía en la cabeza y que terminó por dejarlo incapacitado; una camarera peruana que murió debido a que le dio su propio salvavidas a un anciano (que sobrevivió);[18] el sobrecargo del barco que había ayudado a salir a cubierta a los pasajeros que necesitaban ser rescatados, dijo: «Nunca perdí la esperanza de ser rescatado». Cuando finalmente estuvo a salvo, su madre comentó: «Volver a hablarle fue como si hubiera nacido de nuevo».[19]

Las historias de rescate siempre elevan el espíritu. Quizás los medios de comunicación, en sus ciclos de veinticuatro horas, deberían ser más agresivos al reportar buenas noticias, que siempre abundan, de hombres y mujeres que han estado dispuestos a dar sus vidas para salvar las de otros.

De hecho, solo cuatro meses antes del desastre del *Concordia*, YouTube y casi todos los medios sociales, mostraron el dramático rescate de un joven en Utah que embarrancó su motocicleta para evitar una colisión con un BMW. Cuando fue expulsado de su moto su cuerpo se deslizó bajo el vehículo incendiado. La gente que vio el accidente, aunque no dudaba que el joven había fallecido, intentaron recuperar su cuerpo; pero una mujer no identificada se arrodilló junto al vehículo para mirar entre las llamas. «¡Está vivo!», gritó.

Trabajadores de la construcción y transeúntes en los predios de Utah State University unieron sus esfuerzos para salvar la vida de este joven extrayéndolo de entre las llamas. Cuando más tarde lo entrevistaron en su cama de hospital, dijo a la Associated Press: «Estoy muy agradecido a quienes me ayudaron... Ellos salvaron mi vida».[20]

Permítame preguntarle: «¿Se habría negado usted a rescatar a este joven?».

Rescatado de algo, salvado para algo

Alguien podría decir: «¡Ah, así es que eso es lo que significa ser salvo!».

Me he pasado la vida hablando sobre esto. Después de todo, ¿quién no querría ser salvo? «Búsqueda y rescate» es una expresión que vemos casi a diario en los periódicos escritos, en la Internet, en la televisión o en la radio.

Vemos a personas que son rescatadas de accidentes automovilísticos. Oímos de niños a los que se ha salvado de morir ahogados. Leemos de otros que han sido arrebatados de las llamas. Observamos con alivio cuando militares —hombres y mujeres por igual— salvan vidas inocentes alrededor del mundo o cuando la Guardia Nacional rescata a familias de las inundaciones dejadas a su paso por huracanes como Katrina y Sandy. Y creo que la mayoría de nosotros espera que si estuviéramos en una situación de peligro, habrá quien nos rescate.

Lo que rara vez nos detenemos a pensar es que, cuando somos rescatados *de* algo, también somos rescatados *para* algo. Cuando alguien nos rescata, estamos en deuda con esa persona que nos salvó de un desastre, de una muerte inminente o de una muerte segura.

Tuve el privilegio de conocer al difunto presidente Ronald Reagan. Hablamos varias veces de aquella ocasión cuando en 1991 la muerte le pasó rozando en aquel intento de asesinato. Se consideraba un eterno agradecido de aquellos que recibieron las balas que iban dirigidas a él. Era sincero cuando se refería a su propia mortalidad, diciéndole a su hijo Michael: «Creo que Dios preservó mi vida para un propósito. Quiero que sepas que he tomado la decisión de entregar nuevamente a Dios el resto de mi vida y el resto de mi presidencia».[21]

Sin embargo, aun si sobrevivimos tales experiencias, siempre nos vamos a encontrar frente a otras amenazas, como una enfermedad incurable, un accidente fatal o algo tan natural como envejecer e irnos desgastando por el progreso del ciclo de vida.

Ningún otro ser humano, sin importar cuán generoso o altruista pueda ser, puede rescatarnos de la certeza de la muerte. No obstante, eso no significa que no podamos ser salvados, que no tenemos esperanzas de un rescate. Solo significa que necesitamos tener claro Quién realmente nos salva. Para esto he escrito este libro... para compartir lo que he aprendido en casi un siglo viviendo con una certeza inquebrantable de ser salvo.

Entonces, ¿cuál es su historia? ¿HA SIDO SALVADO ALGUNA VEZ?

Solo digo esto para que ustedes alcancen la salvación.
(JUAN 5.34, DHH)

CAPÍTULO DOS

La gran redención

*Porque en el Señor hay misericordia, y abundante
redención con él.*

—Salmos 130.7

¿QUÉ ES LO QUE HACE excepcional a una gran historia? Un analista cinematográfico dice que es la *redención*: «Todas las películas excepcionales son historias de redención». Y sigue diciendo que dentro de tales historias siempre hay decisiones correctas o erradas.[1] El crítico de cine Roger Ebert está de acuerdo. Respondiendo a un admirador que notó su preferencia por «conceptos como la redención», Ebert admitió que las películas «que me afectan más profundamente son aquellas en las que los personajes logran superar algo en su interior».[2]

Si bien es cierto que la National Football League (NFL, por sus siglas en inglés) se proyecta como una organización que «pelea a puño limpio», sus fans siempre disfrutan una buena historia de redención, especialmente las que se presentan en «Los diez mejores casos de redención en la historia de la NFL». Esta presentación gráfica en la Internet, cuenta las historias de jugadores y equipos —algunos de los más grandes nombres en este deporte— que se han metido en tremendas dificultades tanto dentro como fuera del campo de juego. Algunos han cometido crímenes graves y han pasado tiempo en la cárcel. Pero cada uno se las ingenió para lograr un retorno inspirador. El autor dice: «A menudo, la gente necesita tocar fondo antes de iniciar su recuperación. Y cada una de estas historias describe un cuadro de esperanza para todos nosotros. Esperanza de que nuestros errores pueden ser superados».[3]

No todo el mundo puede identificarse con una trama donde el bien triunfa sobre el mal o una estrella caída del fútbol americano que se levanta del suelo y recobra la victoria. Sin embargo, la mayoría de nosotros conoce algo sobre redención en otra forma porque prácticamente todos los días cambiamos papel moneda por algo; la moneda está respaldada por valores redimibles que nos dan seguridad de su valor.

Cuando, por ejemplo, usted recibe su cheque, puede redimirlo ya sea por efectivo o acreditarlo en su cuenta corriente o de ahorro. Este es un dinero por el que usted ha trabajado arduamente y cuando se acerca el día de pago, usted espera recibir lo que se ha ganado.

Pero, ¿qué hace cuando alguien le entrega un certificado de regalo para su cumpleaños o quizás sin que haya una razón especial? Usted no ha hecho nada para ganárselo; sin embargo, si no lo redime no tiene ningún valor para usted.

Regalos sin redimir

Seguro que le sorprenderá saber que los estadounidenses están sentados sobre treinta billones de dólares en tarjetas o certificados de regalo sin usar: ¡regalos sin redimir![4] Numerosas leyes controlan el floreciente negocio de las tarjetas de regalo; a menudo, a los clientes se les advierte que revisen las políticas de redención de dichas tarjetas. Algunas tienen fecha de vencimiento. Una tienda en línea especifica que para redimir una tarjeta de regalo para ciertos productos, la persona «tiene que guardar la Tarjeta de Regalo... en [su] cuenta».[5] ¿Quién se iba a imaginar que habría tantas trabas para redimir un regalo? Pero aun así, la industria parece ser floreciente.

Redención es una palabra llena de esperanza y promesa, e involucra a un dador y un receptor. Un regalo se basa en el sacrificio de otros y rara vez es rechazado por la persona a la que se le ofrece. ¿Le diría usted «no, gracias» a alguien que le ofrece un regalo? En realidad, algunos lo hacen. Es uno quien tiene que decidir si lo recibe con gratitud o le da las espaldas, rechazando el regalo y al que se lo ofrece.

Nosotros entendemos el significado de redención: comprar algo de valor; cambiar una cosa por otra. Pero siempre hay un precio que pagar por la redención. Más valiosa que cualquier redención financiera es la esperanza de una vida redimida.

Redimir el futuro

Se cuenta la historia de una subasta que tuvo lugar en un modesto rancho de ovejas en Sudáfrica. El granjero había vivido una vida solitaria después del fallecimiento de su esposa. El hijo de este hombre ya anciano era un rebelde que había abandonado su hogar en busca de fortuna, ignorando la promesa del padre de que un día todo lo que tenía le pertenecería a él. «Considéreme muerto», le dijo el hijo a su padre. No tenía ningún interés en nada que se relacionara con ser un sucio pastor.

Cuando el anciano granjero falleció, sus bienes fueron subastados entre vecinos y amigos que habían sido buenos con él. Cuando el subastador mostró el último objeto: una vieja pintura enmarcada, un joven ofreció unos cuantos dólares por ella. En seguida, una mujer hizo una oferta muchísimo más alta. El joven desistió. La mujer, fácilmente, lo había vencido.

La gente presente en la subasta siguió con interés al joven cuando se acercó a la mujer para preguntarle la razón por la que había ofrecido tan alta suma de dinero por algo que seguramente no tenía mayor valor para ella. «Oh, no», le contestó la mujer, «no compré el cuadro por la pintura sino por el marco: es una rara antigüedad que tiene un gran valor». Cuando la mujer vio lágrimas que brotaban de los ojos del joven, le preguntó por qué su interés por aquella vieja pintura.

Y el joven le respondió: «El hombre que aparece en la pintura es mi padre, el pastor que trabajó esta granja, y el niño que está con él es su hijo que lo abandonó en su ancianidad. Yo soy ese hijo. El marco no me interesa para nada. Es lo que está dentro del marco lo que tiene un valor incalculable para mí. Yo rechacé todo lo que mi padre me ofreció, en especial su amor, pero pasaré el resto de mi vida tratando de honrar su buen nombre».

Profundamente emocionada, la mujer desprendió la pintura del marco y se la extendió al joven. Al hacerlo, un sobre cayó al suelo. Ella lo recogió, lo abrió y se encontró con una nota que leyó en voz alta: «Si regresas, hijo mío, mis oraciones habrán sido contestadas. No te voy a dar una granja con ovejas sucias; en lugar de eso, te daré las recompensas de mi trabajo. Cambia este cheque por la suma de dinero que proveerá para algunas de tus necesidades». Y, como firma: «Tu padre que te ama».

La mujer vio cómo las lágrimas corrían por el rostro del joven y, emocionada, le dijo: «Ve y vive una vida digna del nombre de tu padre».

El joven cambió el cheque, esperando comprar a los vecinos algunas de las posesiones que habían sido de su padre. Pero cuando ellos vieron su arrepentimiento, redimieron su herencia dándole todo lo que habían adquirido en la subasta. Ellos habían comprado para él lo que el joven no podía comprar por sí mismo. El hijo vivió una vida plena en la granja de su padre, criando ovejas en la región Occidental del Cabo y cuidando de sus vecinos, probando así que las oraciones de su padre en su favor no habían sido en vano.

UN PRISIONERO REDIMIDO

El amor que este padre tuvo por su hijo y la compasión demostrada por la mujer son atributos que vienen de Dios y que son, a menudo, parte de las historias de redención.

Con frecuencia, nuestros corazones se horrorizan ante tantos hechos delictivos que copan los titulares de la prensa escrita, inundan las pantallas de la televisión o los monitores de las computadoras.

Hace poco me encontré con un titular que mencionaba al derrocado dictador panameño Manuel Noriega y que recordaba el conflicto entre su régimen cruel y el pueblo de Panamá a finales de los años ochenta. Una historia de redención que surgió de aquella batalla por la libertad sigue siendo conocida en la Internet.

Durante aquel tiempo, George H. W. Bush era presidente de Estados Unidos. Conozco al presidente Bush y lo he visto agonizar al tener que enviar hombres y mujeres al campo de batalla para confrontar el bien contra el mal. Pero solo seis semanas después de una victoria del bien: la caída del Muro de Berlín, el presidente Bush ordenó la Operación Causa Justa, «uno de los más breves conflictos armados en la historia militar de Estados Unidos».[6] Entre los propósitos estaba la liberación de ciudadanos estadounidenses presos por Noriega y pelear por la democracia para el pueblo de Panamá.

Durante ese tiempo, los Delta Force —un grupo élite especial derivado del Ejército de Estados Unidos— llevó a cabo varios rescates dramáticos. Una de esas operaciones implicaba la redención de un ciudadano civil estadounidense, Kurt Muse, quien había estado preso por espacio de nueve meses. Día y noche esperaba que se le ejecutara.[7]

La operación fue supervisada por el general William G. «Jerry» Boykin. Boykin luego serviría comandando una misión en la operación Black Hawk Down en Somalia y como subsecretario de defensa para inteligencia en el Pentágono. En su libro, *Never Surrender* [Rendirse jamás], describe la estrategia para el rescate de la «Carga preciada», nombre en clave del ejército para el cautivo, aunque el «Delta Force le puso un sobrenombre cariñoso: *"Moose"*».[8]

Poco tiempo después de verificar la ubicación de la celda de Muse, los soldados descendieron sobre la celda, echaron la puerta abajo y gritaron: «¡Muse, estamos aquí para llevarte a casa!».[9]

Muse no tenía esperanza de ser liberado de su esclavitud aquel día. Ahora, estaba mirando a los ojos de los que habían venido a rescatarlo: hombres uniformados de camuflaje, hombres a los que jamás había visto. Él no había invitado a sus rescatistas a venir a su celda para discutir una posible evacuación. No había hecho nada que contribuyera al éxito de la misión pero tenía que estar dispuesto a ir con ellos. Con un gran sentido de urgencia, Muse puso toda su confianza en la habilidad de aquellos hombres para liberarlo.

Los soldados del Delta Force subieron a Muse en un helicóptero y despegaron;[10] sin embargo, durante el escape, el aparato cogió fuego y se estrelló.[11] Muse estuvo en peligro de ser recapturado y sus salvadores ya no estaban en posición de salvarlo a él o salvarse ellos. Providencialmente, un vehículo blindado del ejército de Estados Unidos los localizó y rápidamente los puso en manos amigas; su libertad estaba asegurada por los miembros de los Night Stalkers, un regimiento de operaciones especiales.

Algunos de los soldados que resultaron seriamente heridos durante el rescate de Muse fueron internados en un hospital manejado por Estados Unidos. Muse se sentía consternado porque sabía que las vidas de aquellos soldados estaban en peligro por haberla arriesgado para liberarlo a él. Quiso visitarlos pero por razones de seguridad no le fue posible hacerlo.

Tres días más tarde, sin embargo, tuvo la oportunidad de mirar a los ojos a estos hombres que le habían salvado la vida. Vio las heridas en sus cuerpos. Él sabía que habían pagado un precio muy alto por su libertad. A cada uno le dio la mano mientras les decía: «No tengo manera de algún día agradecerles adecuadamente el haberme devuelto a la vida». Los rescatistas se sintieron abrumados cuando su «carga preciada» volvió para darles las gracias. Uno de los soldados respondió: «El que estés aquí, lo dice todo... Ahora ve y disfruta de una buena vida».[12]

El general Boykin escribió: «Muse dio un paso atrás y mirándolos a todos ellos, en sus lechos y heridos por él, dijo: "Los amo, muchachos. Nunca los olvidaré"».[13] Aunque ya han pasado años, Muse ha seguido llamándolos y agradeciéndoles por haberle salvado la vida, algo que no ha olvidado.

¿Por qué Muse «amaba» a aquellos hombres a quienes nunca había visto hasta su rescate, tres días antes? ¿Por qué nunca los olvidaría? ¿Y por qué estos soldados arriesgaron sus vidas por alguien a quien solo conocían de nombre?

Muse los amaba porque estuvieron dispuestos a poner en peligro sus propias vidas para liberarlo a él. Y esos hombres no dudaron en hacerlo porque eran fieles a la misión que les habían encomendado. Muchos años después, «Moose» sigue contando la emocionante historia de su rescate milagroso.

¿Te cautiva esta historia de redención como me cautiva a mí? ¿Por qué la gente encuentra tan fácil creer estos relatos cuando los únicos testigos presenciales fueron un prisionero y los rescatistas? Lo aceptamos porque el prisionero fue liberado y vivió para contarlo. El resultado de la misión de rescate es ahora parte de la historia. Creemos relatos similares de grandes batallas que han ocurrido a través de las edades no porque nosotros hubiéramos sido testigos sino porque creemos esas historias por fe.

Si usted hubiera sobrevivido a un rescate como ese, ¿se habría cansado de contar cómo ocurrió su redención de las cadenas que lo aprisionaban dándole otra oportunidad para vivir?

LA IDEA DE REDENCIÓN

¿De dónde viene esta idea de redención? Puedo decirle con absoluta certeza que la redención es tan antigua como el tiempo. Es un hecho de la historia. Pero la gente todavía duda.

El relato de redención más grande de la historia es el que he venido compartiendo con personas alrededor del mundo por más de setenta años. Para mí, es la historia que nunca envejece. ¿Por qué? Porque yo soy uno de los que han sido redimidos.

Cuando era apenas un joven, luchaba contra algo en mi interior. Era consciente que en mi alma se libraba una batalla que no podría resolver por mí mismo. Me habían enseñado lo que era correcto, pero mi espíritu quería hacer algo más, algo que yo creía que me haría feliz. No obstante, tenía la molesta sensación de que había algo más que satisfacerme a mí mismo.

Esta es la lucha continua que se libra dentro de nosotros. ¿Pero de dónde viene este conflicto?

La historia bíblica nos da los detalles. No obstante, durante siglos la gente no ha querido creer los relatos que encontramos en las páginas de la Biblia y han rechazado su verdad. La naturaleza humana dice: «No estuvimos allí como testigos presenciales; por lo tanto, ¿cómo podemos creer la historia de que Dios creó al hombre y a la mujer, que ellos desobedecieron a Dios, que fueron tentados por Satanás, que prefirieron creerle a Satanás en vez de creer la promesa divina y que, como consecuencia, toda la humanidad debe ser salvada del pecado?».

El creer o no creer no cambia la verdad de esta historia. El problema es que la naturaleza humana no ejerce fe en la verdad. Y lo sé porque estos mismos pensamientos turbaron mi alma en un tiempo. Cuando comencé a cuestionar la verdad en las afirmaciones de Dios, me llené de dudas. *¿Se preocupa Él por mí? Y si es así, ¿por qué este conflicto?*

Cuando era adolescente, me invitaron a escuchar a un predicador que viajaba de una ciudad a otra. La publicidad lo describía como un «predicador de combate». Me atrajo la idea de ver una buena pelea, así que decidí ir a verlo. El predicador era un hombre gigante. En medio de su mensaje, apuntó con su dedo hacia donde yo estaba y gritó: «¡Muchacho, eres un pecador!».

Había otras personas a mi alrededor, pero no tenía la menor duda que se había dirigido a mí. De modo que me agaché instintivamente. Pero entonces, la idea de que alguien me dijera que era un pecador provocó mi espíritu peleador. Y me dije: «Vivo una vida buena, limpia, saludable y moral; incluso soy miembro de una iglesia». Sin embargo, me di cuenta de que estaba en medio de un gran conflicto y que no podría resolver mi propia culpa con experimentar emociones, felicidad y placer, todo a mi modo. Me di cuenta de que estaba viviendo por debajo de los estándares de Dios; que a los ojos de Dios yo no era diferente de otros. Que no era un asesino ni un ladrón, pero era un pecador.

¿Cómo me di cuenta de que no estaba viviendo como Dios quería que viviera? Porque Él puso en mi alma un deseo profundo de conocerle. Pero el pecado es una barrera que nos impide disfrutar una relación con Dios. El pecado es como la celda en una prisión de la que no podemos escapar. Estamos atados *a* ella hasta que seamos liberados *de* ella.

REDENCIÓN DEL ALMA

Esta es la historia del primer hombre y la primera mujer quienes, por cierto, no tenían padres. Su herencia venía directamente de la creación perfecta de Dios. Él le dio a cada uno un alma. Y al alma la hizo con un propósito: que experimentara el gozo de una relación con Dios que duraría para siempre.

La Biblia nos dice: «Entonces Jehová Dios formó al hombre del polvo de la tierra, y sopló en su nariz aliento de vida, y fue el hombre un ser viviente» (Génesis 2.7).

Note que no dice que el hombre llegó a ser un cuerpo o que el hombre llegó a ser un cerebro. Definitivamente, el hombre fue creado con ambos, pero no fue un ser viviente sino hasta que Dios sopló en él aliento de vida, haciéndolo así un ser viviente.

Quizás se pregunte: «Entonces, ¿qué es el alma?». El alma es el verdadero usted, el verdadero yo, el exacto aliento de vida que viene de Dios. La Biblia dice:

Ciertamente espíritu hay en el hombre,
Y el soplo del Omnipotente le hace que entienda.

(JOB 32.8)

El cuerpo es la casa, el alma es el inquilino de la casa y cada alma es preciada para Dios. Jesús dijo que un alma vale más que todos los tesoros del mundo (Mateo 16.26).

Dios es el Creador del alma y Él sostiene en su mano «el alma de todo viviente» (Job 12.10). Jesús es el Salvador del alma: «Pero Dios redimirá mi vida del poder del seol» (Salmos 49.15). Y el Espíritu de Dios es la luz que guía el alma: «El Espíritu de verdad... os guiará» (Juan 16.13).

La ciencia médica ha investigado los complejos órganos y tejidos del cuerpo humano después de la muerte, pero no puede investigar el alma porque es invisible y vive eternamente. El alma —el espíritu del hombre— nunca muere. La Biblia dice: «Las cosas que se ven son temporales, pero las que no se ven son eternas» (2 Corintios 4.18).

Adán y Eva, el primer hombre y la primera mujer, fueron creados a la imagen de Dios y puestos en un ambiente perfecto. En lugar de disfrutar de la vida en el Huerto del Edén, donde podrían amarse y comunicarse con Dios, decidieron hacer la única cosa que Dios les había prohibido: comer del árbol del conocimiento del bien y del mal. Motivado por su amor a ellos, Dios había decidido protegerlos del conocimiento del mal, dándoles la libertad de disfrutar de la belleza del jardín, salvo de un árbol.

La vida gloriosa en el huerto fue interrumpida por un intruso. Satanás, el gran engañador, se presentó en forma de serpiente y le dijo a Eva que Dios les estaba ocultando lo mejor. Haciendo uso de sus artimañas, Satanás tentó a Eva, y la convenció de que llegaría a ser igual a Dios si comía el fruto del árbol prohibido. Eso le sonó muy bien a Eva, así que convenció a Adán y juntos cambiaron una vida de felicidad por una de agobio.

Su pecado no fue que Satanás los tentara; el pecado fue que creyeron la mentira de Satanás en lugar de creer y obedecer lo que Dios les había dicho. Desde entonces, cada ser humano ha caído de cabeza en la trampa de Satanás que conduce al pecado. El pecado original ha pasado de generación en generación, hasta nuestros días.

Tal vez alguien diga: «Eso no es justo. ¿Por qué tenemos que pagar nosotros por algo que hicieron Adán y Eva?». Cuando el pecado original entró en el torrente sanguíneo de la raza humana, ennegreció cada alma. «Por medio de un solo hombre el pecado entró en el mundo, y por medio del pecado entró la muerte; fue así como la muerte pasó a toda la humanidad, porque todos pecaron» (Romanos 5.12, NVI).

Esta naturaleza de pecado se ha transmitido de padre a hijo, y así hemos acumulado los pecados que nosotros elegimos cometer y que fluyen desde la naturaleza carnal que reina en nosotros.

Si pretendiéramos que esto no es verdad, ¿cómo podríamos explicar la razón por la que los hijos desobedecen a sus padres? ¿Por qué nuestros hijos nos desobedecen? Y si vivimos para ver a nuestros hijos casados y con hijos, este ciclo se repetirá. Esto es un hecho. ¿Por qué desobedecemos? Mi amigo, la Biblia dice que:

> Engañoso es el corazón más que todas las cosas, y perverso; ¿quién lo conocerá? Yo, el Señor, que escudriño la mente, que pruebo el corazón, para dar a cada uno según su camino.
>
> (JEREMÍAS 17.9–10)

VERDAD REDIMIDA

Cuando Adán y Eva le dieron la espalda a Dios al desobedecer, pusieron sus deseos en los planes engañosos de Satanás. Su relación con Dios fue arruinada por el pecado y ellos cayeron en la trampa de Satanás, justo allí donde él los quería tener. Fue entonces cuando se produjo la caída del hombre.

El primer paso hacia el pecado es *escuchar* las mentiras de Satanás, y con frecuencia esto va seguido por hacer lo que Satanás nos dice que nos va a traer felicidad. Los ojos de Adán y Eva se abrieron, y su pecado quedó al descubierto. En lugar de disfrutar del estatus prometido por Satanás —de que serían como Dios— cayeron del favor de Dios. Estaban bajo el embrujo de Satanás porque este pecado —pretender ser más grande que Dios— fue precisamente lo que causó su caída del cielo.

De inmediato, Adán y Eva descubrieron que habían hecho una transacción mortal, cambiando el estándar perfecto de Dios por la peor vileza de Satanás. Dios les había hecho un regalo —el Paraíso— y ellos le habían dado la espalda al regalo y al Dador del regalo.

Hay quien dice: «Si Dios realmente se hubiera preocupado por Adán y Eva, debió haber intervenido y hacerles una segunda advertencia». Conociendo nuestros corazones como los conocemos, ¿cree realmente que otra advertencia hubiera marcado alguna diferencia? Dios conoce nuestros corazones mejor que nosotros mismos.

REDENCIÓN RECHAZADA

Un día, una joven pareja llevó a sus hijos a un parque para que jugaran. Otro padre les advirtió de una hiedra venenosa que crecía entre los arbustos. Los padres les pidieron a sus hijos que no se acercaran a aquella parte del parque.

¿A dónde cree que corrieron los niños cuando sus padres se descuidaron? Claro... justo hasta donde estaba la hiedra venenosa.

El padre corrió y agarró a la más pequeña antes que pudiera tocarla. Pero para su sorpresa, la niña forcejeó hasta liberarse de sus brazos. Desafiándolo, corrió hasta donde estaba la planta y abrazó las hojas mientras, mirando a la cara a su padre, le decía: «Mira, papá, qué lindas estas flores».

A pesar de la desobediencia de nuestros hijos, hacemos todo lo posible para aliviar el dolor y los malestares que les ocasiona el habernos desafiado. Pero no podemos eliminar los resultados de la desobediencia. Si este papá hubiera podido traspasar el doloroso sarpullido de su hija a él, lo habría hecho, pero no es posible. En cambio, con manos amorosas y cuidado extremo, le cubre la piel con la medicina que la curará esperando que aprenda que la desobediencia produce dolorosas consecuencias.

Este es el cuadro que vemos de la humanidad desafiante mirando el rostro de Dios y la respuesta amorosa de Él.

Adán y Eva ignoraron la advertencia de Dios cuando les dijo: «De todo árbol del huerto podrás comer; mas del árbol de la ciencia del bien y del mal no comerás; porque el día que de él comieres, ciertamente morirás» (Génesis 2.16–17). Ellos no creyeron que si desobedecían la advertencia de Dios morirían, pero desde el momento que comieron del árbol, el pecado devastó sus almas y se inició el proceso de muerte, porque «el alma que pecare, esa morirá» (Ezequiel 18.20).

La muerte no era parte del plan de Dios para Adán y Eva. Él no había proyectado que fueran prisioneros del pecado. Él les dio vida. Les dio libertad en el paraíso. Les permitió que se encontraran con Él en el huerto. Los creó para su propio placer; pese a todo eso, el hombre y la humanidad sucumbieron ante la seducción de Satanás. Decidieron alejarse de la voluntad de Dios y del huerto perfecto de Dios, y al querer vivir de acuerdo con su propia voluntad, el puño de Satanás los paralizó.

Escuché a alguien decir por la televisión: «Yo solo tengo un problema en la vida: la tentación». La tentación seduce. Estamos prestos a embarcarnos en lo que sea que apele a nuestros sentidos sin considerar el castigo por nuestras decisiones, que tienen un alto costo y a veces implican muerte. Y Satanás utiliza todos los trucos imaginables para seducirnos. Comienza con una pequeña verdad pero distorsiona su auténtico significado. Primero, miramos y admiramos, luego, tocamos y pensamos. Y entonces, probamos. Finalmente, lo dulce se vuelve amargo.

A través de los siglos, la fórmula de Satanás no ha cambiado. Sigue usando los mismos trucos, empujando a hombres y mujeres a niveles inferiores, que es el terreno donde mejor se mueve. (¿Por qué no podemos aprender que si jugamos con fuego terminaremos quemándonos?) Hay dos ingredientes para el engaño: una buena dosis de verdad y unas pocas mentirillas.

REDENCIÓN: EL PLAN DE DIOS

Mucha gente afirma no creer en el pecado original, pero la historia de Adán y Eva revela la maldad del corazón humano que se vuelve contra Dios.

La televisión, en sus programas nocturnos, acostumbra hacer burla del pecado. La Internet está llena de caracterizaciones vulgares de Adán y Eva, citando pasajes de la Biblia y haciendo bromas sobre la desobediencia a Dios. El mundo puede reírse de la idea del pecado, pero a Adán y a

Eva no les pareció nada graciosa la maldición del pecado. Dios no se está riendo y nosotros tampoco debemos reírnos porque esos que se burlan del pecado no están exentos de sus consecuencias. A la larga, todos tenemos que enfrentarnos con la verdad. La Biblia dice que el alma del hombre está «hastiada de males» (Salmos 88.3), hastiada de amargura, aflicciones, dolor y sentimientos de culpa.

Adán y Eva pagaron un precio por su desobediencia. Fueron expulsados del Paraíso de Dios, de Su presencia, al mundo que habían elegido: un mundo donde el enemigo de Dios, Satanás «opera en los hijos de desobediencia» (Efesios 2.2).

Pero esa no es toda la historia. Génesis no solo describe el comienzo de la raza humana sino también el comienzo del plan redentor de Dios en la historia. La salvación de la raza humana se puso en marcha justo al principio. Como Dios amaba tanto a su creación, dio inicio a una forma de reparar el pecado del hombre. Esta es la mayor misión de búsqueda y rescate jamás llevada a cabo: la redención de quienes Dios hizo a su imagen y semejanza.

UNA REDENCIÓN VISIBLE

En la más grande historia jamás contada vemos esta notable esperanza.

> Así que, como por la transgresión de uno vino la condenación a todos los hombres, de la misma manera por la justicia de uno vino a todos los hombres la justificación de vida... así también por la obediencia de uno, los muchos serán constituidos justos. (Romanos 5.18–19)

El amor y la misericordia que se derramó del corazón de Dios algún día fluirían en la sangre carmesí de su Hijo. Del corazón de Dios a la cruz de Cristo, la redención se hizo visible. Dios no quiso darle la espalda a la raza humana. Su amor era demasiado profundo, su misericordia demasiado amplia. Él anhelaba recuperarnos, redimirnos y regresarnos a Él. «Porque tanto amó Dios al mundo, que dio a su Hijo unigénito, para que todo el que cree en él no se pierda, sino que tenga vida eterna» (Juan 3.16, NVI).

Esto fue lo que hizo Dios por nosotros. Tomó lo mejor del cielo —al Señor Jesucristo— para redimir lo peor de la tierra. El Hijo de Dios murió en una cruz, un instrumento de tortura romano hecho para los peores criminales.

Nosotros, como raza, hemos sido seducidos para servir a Satanás, pero nuestra infidelidad y obstinación no han cancelado el amor de Dios por nosotros. En lugar de eso, estableció la forma de nuestro rescate a través de su Hijo, Cristo Jesús. Él hizo el sacrificio y pagó un precio increíblemente más alto que nuestro verdadero valor. Hemos sido redimidos, recuperados y restaurados, no con dinero —plata y oro— sino con la preciosa sangre de Cristo.

Tal vez usted no crea en Satanás ni en su torniquete en la raza humana, pero le aseguro que es brutalmente real, tan real como el abrumador amor de Dios. Yo puedo dar testimonio de esto. Creí por fe que el plan de redención de Dios conquista la maldad de Satanás que intenta refugiarse en nuestras almas. El perdón de Dios de nuestros pecados vence el desprecio de Satanás por el amor redentor de Dios. El perdón de Dios tiene el poder de limpiarnos y restablecer la relación que Él ha anhelado tener con nosotros. Por esto Él ha provisto el medio para salvarnos. Por esto la Biblia dice que «es necesario nacer de nuevo» (Juan 3.7).

A mí me tomó algo de tiempo entender esta inmensa y maravillosa verdad. Cuando era joven, mi cabeza se resistía a aceptar lo que mi alma anhelaba: paz para un conflicto interno. Fallé miserablemente al medirme contra el estándar de bondad de Dios. Quería tomar mis propias decisiones sin considerar que algunas de mis opciones alteraban la felicidad que deseaba.

Dios no me iba a forzar para que yo hiciera lo que Él quería. Podía recibirlo y vivir según sus altos estándares o podía rechazarlo y vivir en un nivel inferior, con Satanás pisándome los talones. ¿Cómo iba a resolver esta amargura del alma? La respuesta vino cuando me interesé por conocer la gran historia de redención de la Biblia. Me arrepentí de mi pecado contra Dios y creí en lo que Él había hecho por mí. Para poder conocer la paz que viene de Dios, tenía que confesar mi pecado y venir a Él.

Cuando volví a escuchar a aquel predicador «agresivo», me di cuenta de que no estaba contra mí sino que estaba peleando por mí, por mi alma y las almas de todos los que estaban allí. Cuando volvió a hablar del pecado, lo hizo con pasión, pero cuando habló del pecador, lo hizo con *compasión*.

En la noche del 1 de noviembre de 1934 mi alma endurecida fue redimida. Cambié mi voluntad por la de Dios. Y negocié mi corazón insensible por un alma lavada.

Había buscado emociones intensas. Las encontré en Cristo.

Había buscado algo que pudiera proporcionarme un gozo perfecto y felicidad. Lo encontré en Cristo.

Había buscado algo que trajera placer y satisficiera los más profundos anhelos de mi corazón. Lo encontré en Cristo.

Había sido redimido y ahora conocía de primera mano la promesa de la Biblia:

En tu presencia hay plenitud de gozo;
delicia a tu diestra para siempre.

(Salmos 16.11)

Redención: la gran historia

Dios le dice a la raza humana: «Yo te hice, y tú eres mío. Te he redimido. Regresa a mí» (Isaías 43.1 y Joel 2.12, paráfrasis del autor). El regalo de redención de Dios dice: «Yo te compraré con mi sangre porque te amo. Te liberaré de las cadenas del pecado. Arreglaré el conflicto que hay dentro de ti y daré paz a tu alma. Pero tú debes venir a mí con un corazón arrepentido. Debes querer que yo te redima. Debes cambiar tu corazón ennegrecido por el pecado por un nuevo corazón que es limpiado por mi sangre».

La redención es el gran tema de la Biblia.

El plan de la redención de Dios es lo que transformó una historia sórdida en una historia grandiosa. Su misión de rescate fue ejecutada a través de su Hijo, el Señor Jesucristo, el Salvador del mundo. Él completó su misión hace más de dos mil años cuando fue colgado en una cruz y derramó su sangre en rescate por las almas de la humanidad. Él murió por tu pecado y por el mío. Cuando conquistó la muerte y fue levantado de la tumba que no lo pudo mantener cautivo, extendió sus manos horadadas por los clavos y dijo: «He venido a liberarte de tu esclavitud y a darte una nueva vida».

Esta historia es maravillosa porque Dios da a cada uno de nosotros la libertad de escoger su perdón y vivir con Él eternamente. La Biblia dice que «Dios no es Dios de muertos, sino de vivos» (Mateo 22.32). Dios está vivo y bien, y no quiere menos para aquellos a quienes ama.

Desde la cruz, Jesús ofreció a cada alma un regalo que durará eternamente. Sin fecha de expiración. Él aplicó su preciosa sangre al pecado de usted. Puso su vida en lugar de la suya y su sangre ha sido acreditada a su cuenta. Él ha cubierto el pecado de usted con su sangre, que quita toda mancha de pecado.

¿Desea recibirlo? ¿Ha leído su plan de redención? Fue escrito con sangre teniéndolo a usted en mente. ¿Lo ha aceptado? No se puede adquirir con dinero; ya ha sido comprado para usted. No obstante, debe rendir todo lo que es para alcanzar algo mejor: la redención de su alma. «habiendo oído la palabra de verdad, el evangelio de vuestra salvación... habiendo creído en él, fuisteis sellados con el Espíritu Santo de la promesa, que es las arras de nuestra herencia hasta la redención de la posesión adquirida» (Efesios 1.13–14).

Tal vez piense que su vida va muy bien y que prefiere esperar hasta que realmente necesite ser rescatado. Cuando el joven motociclista mencionado en el primer capítulo se subió a su moto, nunca se imaginó que minutos después estaría atrapado debajo de un automóvil y en medio de las llamas.

Vivimos en un mundo incierto. Ninguno de nosotros sabe cuándo terminará nuestro tiempo en esta tierra. No dé por sentado el regalo que Dios le ofrece. No abuse de su favor. Jesús ha comprado nuestra herencia de vida eterna. Ninguno de nosotros la merece, pero Él se mantiene, pacientemente, con su mano extendida.

Cuando Jesús anduvo entre los hombres, muchos creyeron que había venido para salvarles, pero perdieron toda esperanza cuando fue bajado de la cruz y puesto en un sepulcro. Sus seguidores se ocultaron decepcionados y presos de la desesperación. Su Salvador había muerto y los había dejado solos. Se sentían abatidos porque Él no había hecho lo que les había prometido: salvarlos de sus enemigos. Pensaban en todo lo que él les había dicho y lo único que veían era el resplandor de la derrota. ¿Cómo podría su Rescatador salvarlos a ellos si Él mismo no había sido capaz de salvarse?

Pero la Fuerza Especial que había descendido aún no había completado su misión. Sus seguidores habían olvidado lo que Él les había dicho: «Vendré otra vez» (Juan 14.3).

La redención se completó, según lo prometido, el tercer día cuando Él se levantó de la tumba. Su resurrección venció al enemigo de muerte y poco después, Jesús se apareció a sus abatidos seguidores que habían perdido la fe. Ellos vieron a Jesús, el Hombre que había derramado su sangre para terminar con la maldición del pecado. Había vuelto a ellos en toda su gloria. Había obtenido la victoria sobre la muerte y sobre el pecado que tenía enmarañada a la humanidad.

DE CAUTIVIDAD A REDENCIÓN

Cuando aquel día Jesús se reveló como el Cristo resucitado, todas las barreras se vinieron al suelo. Se presentó ante sus discípulos y les mostró sus heridas como una prueba de que había sido fiel a su misión: «predicar el evangelio» y «proclamar libertad a los cautivos» (Lucas 4.18). Este es su mensaje para las personas de cada generación y de cada raza y de cada nación. Mire a Jesús. Él descendió del cielo por usted. Hay una Operación Causa Justa en la Biblia que dice:

Oye, una causa justa, Oh Señor...
Salva a los que en ti confían.

(SALMOS 17.1, 7)

Y Él lo hará. Usted es su Carga Preciada. Él está listo para destruir el conflicto que lo mantiene esclavizado. ¡Tome su mano y deje que Él lo libere de las cadenas de su pecado!

Mire a Jesús. Piense en las heridas que Él tuvo que soportar cuando murió en la cruz por usted. No era el marco de aquella cruz de madera lo que tenía valor; sino la mancha de sangre en aquel madero lo que era inestimable. ¿Se arrepentirá? ¿Dirá: «Gracias, Señor, por redimirme?».

No corra ni se esconda ni se cubra con los placeres terrenales que no lo satisfarán. No bloquee su profunda necesidad de conocer a Dios.

No he conocido a nadie que haya aceptado la redención de Cristo y que después se haya arrepentido de haberlo hecho.

¿CUÁL ES SU HISTORIA DE REDENCIÓN?

En él también vosotros, habiendo oído la palabra de verdad, el evangelio de vuestra salvación, y habiendo creído en él, fuisteis sellados con el Espíritu Santo de la promesa, que es las arras de nuestra herencia hasta la redención de la posesión adquirida.

(EFESIOS 1.13–14)

CAPÍTULO TRES

EL PECADO ESTÁ ADENTRO

Cuando el pecado abundó, sobreabundó la gracia.
—ROMANOS 5.20

¿CREE QUE SE HA PERDIDO la «noción de pecado»? Posiblemente usted piense que esta pregunta viene de un predicador como yo, pero no es así. Fue formulada no hace mucho en un titular del periódico *USA Today*. En la historia que siguió, el periodista preguntó y respondió otra pregunta: «¿Ha muerto el pecado? No, ¡para nada!».[1]

Un investigador que aparece citado en el artículo dijo que aunque muchos estadounidenses creen en el pecado, tienden a pensar que: «Necesito esforzarme al máximo porque yo no soy tan pecador como la mayoría».[2]

Suena un poco como Adán, cuando Dios lo confrontó en el huerto:

¿Has comido del árbol de que yo te mandé no comieses? Y el hombre respondió: La mujer que me diste por compañera me dio del árbol, y yo comí. Entonces Jehová Dios dijo a la mujer [Eva]: «¿Qué es lo que has hecho?». Y dijo la mujer: «La serpiente me engañó, y comí». (Génesis 3.11–13)

Adán le echó la culpa a Dios por haberle dado la mujer; y luego culpó a Eva por darle el fruto prohibido del árbol. Adán se presentó como alguien inocente, pero a Dios no se le puede engañar. Eva tampoco asumió su culpa por haber desafiado la orden de Dios; culpó a la serpiente de haber sido quien la tentó. Pero el haberse negado a asumir su responsabilidad por la desobediencia finalmente abrió los ojos de Adán y Eva a la vergonzosa realidad del pecado.

Muchas personas piensan que el tema del pecado solo debe tratarse desde el púlpito de una iglesia. Otra gente puede creer que es asunto para un estudiante de seminario durante el receso de primavera, que predica en la playa o en una esquina de la ciudad, como lo hacía yo en mis años de estudiante en el instituto bíblico. Pero hay una gran curiosidad sobre el tema del pecado entre gente de todas las creencias.

El pecado está adentro

El periodista del *USA Today* preguntó a varias personas acerca del pecado. Un joven le dijo: «Uno sabe lo que es pecado cuando siente en el estómago un malestar extraño».[3] Alguien comentó sobre el artículo en la Internet diciendo que se sentía muy mal cuando usaba malas palabras pero que no creía que eso fuera suficiente como para mandarlo al infierno.

Siempre se han considerado que la palabra más fea conocida para el hombre es *pecado* porque contiene toda la maldad que la humanidad puede expresar. Quizás usted pregunte: «¿Quién es capaz de cometer pecado?».

La respuesta: «Usted, yo y todos —hombres y mujeres— que alguna vez hemos vivido en este mundo».

El pecado se manifiesta a sí mismo en el corazón de las personas. El egoísmo vive en nosotros y está en el centro mismo de lo que nos impide obedecer a Dios y nos mantiene alejados de un Dios que nos ama. La palabra *pecado* proyecta luz sobre el pecador. Los hombres, las mujeres y los niños necesitan que se les diga que son pecadores. Este no es un mensaje mío. Es el mensaje de Dios. Podemos decir que el pecado es una falta, un error o una distorsión psicológica, pero Dios lo llama pecado.

Ya hemos visto el relato del pecado original. Su llama se ha extendido hasta convertirse en un infierno consumidor porque la gente alrededor del mundo continúa acumulando transgresiones contra Dios. El conflicto interminable en el Medio Oriente nos lleva en la historia pasada hasta Abraham y sus descendientes y ha evolucionado en un terror sin precedentes el día de hoy. Esto se llama pecado.

Los disturbios por toda África surgen de las hostilidades de la división racial. Esto es pecado.

El poder sin precedente de los carteles de la droga en Centro y Sud América está destruyendo el cerebro de jóvenes y adultos por igual. Esto es pecado.

El horror de la limpieza étnica ha desgarrado el vientre de Europa oriental. Esto es pecado.

Las naciones ultramodernas de Occidente han desafiado el código moral de conducta divina. Y esto es pecado.

Los intolerables resultados de naciones pecadoras parecen estar alcanzándonos como una avalancha de basura.

El pecado es fuente de aflicción; la madre de todas las angustias... tan universal como la naturaleza humana y tan eterna como la historia humana. El pecado ha sido el causante de todas las guerras, los odios, las violencias, los sufrimientos y los dolores. El pecado es nuestro peor enemigo. Y fue el pecado el que clavó al Hijo de Dios en la cruz.

Todas las angustias, amarguras, congojas, vergüenzas y tragedias pueden resumirse en esta palabra. Su significado impacta todas las almas y rebosa los límites del corazón humano. Aun la muerte, el enemigo final, tiene sus raíces en el pecado.

El sistema mundial afirma que la noción de pecado es una idea pasada de moda y obsoleta. Pero la gente «en» el mundo prueba que tal pretensión está equivocada. Un sociólogo citado en el artículo de *USA Today* reconoció: «El mundo secular sigue creyendo que hay pecado, juicio y castigo».[4] El pecado, definitivamente, está dentro de cada corazón que late.

Ateos, devotos y miembros de diversas sectas admiten haber pecado, mientras que algunos que dicen predicar el Evangelio del Señor Jesucristo están reformulando la idea de pecado para hacerlo más digerible. Un pastor de televisión muy popular dijo: «Nunca he pensado seriamente en (usar la palabra "pecadores")... porque la mayoría de la gente ya sabe cuando está haciendo algo malo».[5]

Eso puede ser cierto, pero, ¿sabrán que hay un castigo que pagar por «hacer lo malo»?

Broma venenosa

Hace muchos años, un distinguido ministro metodista estaba predicando sobre el pecado. Después del culto, algunos diáconos se le acercaron y le dijeron: «No queremos que hable tan abiertamente sobre el pecado; si lo hace, nuestros miembros se convertirán más fácilmente en gente pecadora. Llame al pecado faltas, pero no llame a sus faltas pecado».

El ministro tomó una pequeña botella y se la mostró al grupo de diáconos. La etiqueta decía claramente que contenía veneno.

«¿Me están pidiendo que cambie la etiqueta?», les preguntó. «Si les hace sentir mejor, puedo decir que esta estricnina es uno de los ingredientes principales en la fragancia de menta, pero si toman de ella, no duden que se van a morir. ¿No se dan cuenta que mientras más inocente sea la etiqueta, más peligroso se vuelve el veneno?».

Hablar del pecado no hace a nadie un pecador. La verdad es que cada uno de nosotros nació en pecado, y aunque algunos quieren pensar que no son pecadores, para Dios sí lo somos. Él escucha cada palabra que decimos y conoce los secretos más íntimos que guardamos en lo profundo de nuestros corazones. La Biblia dice que Dios «conoce los secretos del corazón» (Salmos 44.21). Sin embargo, él ama al pecador más de lo que nosotros amamos el pecado. Y por eso sacrificó a su Hijo unigénito: para pagar la deuda por el pecado de la humanidad, que es la muerte. Fue el sacrificio supremo: la sangre virtuosa que fluyó de las venas del Salvador del mundo.

No hay amor más grande que este.

Un tema popular: el pecado

La tecnología moderna se ha infiltrado en algunos de los códigos más complejos incrustados en cerebros electrónicos, y ha recuperado a través de computadoras altamente sofisticadas y seguras, lo que nunca se pensó que se podría descubrir. Nunca he aprendido a usar una computadora, pero estoy rodeado de familiares, amigos y colegas que han desarrollado muchas formas de tecnología que encuentro fascinante y que pueden usarse para buenas causas. Sin embargo, la tecnología también puede ser una trampa. «Sabed que vuestro pecado os alcanzará» (Números 32.23) está comprobándose constantemente.

Un reciente artículo aparecido en la Internet detalló quince casos criminales que habían sido resueltos mediante la evidencia digital.[6] Un GPS —sistema de localización global— puede ubicar a esposos adúlteros, a esposas infieles y a adolescentes rebeldes. Un teléfono celular puede señalar exactamente el lugar donde una persona dice que no ha estado, pero también puede encontrar a un niño secuestrado.

Siempre he sido un entusiasta seguidor de las noticias y aprecio la comunicación en todas sus formas. Hoy día, millones de personas se comunican a través del teclado y sus pensamientos más íntimos circulan libremente por el ciberespacio. Lamentablemente, parece que para mucha gente es más fácil expresar sus emociones mientras que lo que estén mirando sea la pantalla del computador. Los boletines electrónicos (blogs) y las redes sociales ofrecen millones de plataformas para intervenir en cualquiera cosa y en todo.

Me contaron sobre un intercambio cibernético muy interesante entre hombres y mujeres alrededor de todo el mundo. Un bloguero australiano en un foro sobre la transportación aérea planteó una pregunta sobre el pecado para que la contestara cualquier persona. Esta fue la respuesta que recibió:

Anoche miraba en la televisión el programa «A Current Affair de Australia». El reportero les preguntó a muchas personas acerca del pecado. Su pregunta fue: «¿Qué significa pecado? ¿Ha pecado usted?». La mayoría de las personas a las que entrevistó se rió a carcajadas. No dejé de sorprenderme y de preguntarme por qué se reían cuando escuchaban la palabra «PECADO».

¿Cree usted que el pecado es un chiste?

Un canadiense respondió: «Defina pecado y luego hablamos».

Un estadounidense intervino para decir: «Definición de pecado: no alcanzar el grado de perfección según la define DIOS».

Un inglés respondió: «No. Significa no alcanzar el grado de perfección como la definen los humanos al tratar de interpretar lo que Dios quiere».

Alguien desde Irlanda dijo: «A los seres humanos se les ha condicionado para creer que deben seguir un conjunto de reglas que gobiernen su forma de vivir».

Otro australiano expuso su manera de pensar diciendo: «Yo creo que el término [pecado] es considerado algo irrelevante o tonto».[7]

Si bien esta discusión presenta una variedad de respuestas, también revela el hecho de que los seres humanos son muy conscientes de su naturaleza pecaminosa, pero no comprenden cabalmente sus devastadores resultados. Los individuos son responsables por sus pecados, pero nosotros no determinamos cuáles son esos pecados. Para eso necesitamos la Biblia. Entonces, ¿qué nos dice ella sobre este asunto tan generalizado que preocupa a cada hombre, mujer y niño?

PECADO DEFINIDO

Pecado es la transgresión de la ley de Dios (1 Juan 3.4). La Biblia dice que quienquiera que viole una ley es culpable de haberlas violado todas (Santiago 2.10). Pecado es la intrusión en un área prohibida, traspasar la frontera divina entre el bien y el mal. La Biblia nos califica a todos como pecadores y dice que todos estamos bajo pecado (Gálatas 3.22).

Iniquidad es otra palabra para *pecado*. Iniquidad se refiere a nuestra naturaleza corrupta, de adentro hacia fuera. «El intento del corazón del hombre es malo desde su juventud» (Génesis 8.21). Y Jesús dijo: «Porque del corazón salen los malos pensamientos, los homicidios, los adulterios, las fornicaciones, los hurtos, los falsos testimonios, las blasfemias» (Mateo 15.19).

El pecado también se define como una transgresión: entrar ilícitamente donde no debemos. Es alimentar el egoísmo en lugar de un sometimiento a la autoridad divina. La Biblia dice que nosotros «estábamos muertos en nuestros delitos y pecados... y éramos por naturaleza hijos de ira» (Efesios 2.1, 3). En lugar de que Dios sea el centro de nuestras vidas, nuestro yo está en el centro. Nuestro motivo supremo y nuestra norma principal es poner el yo en lugar de Dios. Esto fue lo que le ocurrió a Satanás. Esto fue lo que le ocurrió a Adán y a Eva, y a todos los que hemos vivido desde entonces. Pecamos contra Dios cuando dependemos de nuestra autosuficiencia en lugar de practicar la fe en Dios, de la voluntad personal en lugar de la sumisión a la voluntad de Dios y cuando somos egoístas en lugar de servir a Dios.

También pecado es anarquía; es decir, una rebelión espiritual contra Dios (Deuteronomio 9.7). David, el gran rey de Israel, confesó:

> Contra ti, contra ti solo he pecado,
> y he hecho lo malo delante de tus ojos.
>
> (SALMOS 51.4)

Pecado es incredulidad, un insulto a la veracidad de Dios. Es la incredulidad que cierra la puerta al cielo y abre las del infierno. Es la incredulidad que rechaza la Palabra de Dios y a Cristo como Salvador. Es la incredulidad que hace que la gente tenga oídos sordos al Evangelio y rechace los milagros de Cristo. Y es la incredulidad la que provoca que nos hagamos de la vista gorda ante nuestro pecado: «Si decimos que no tenemos pecado, nos engañamos a nosotros mismos, y la verdad no está en nosotros» (1 Juan 1.8).

El pecado es del diablo. «El que practica el pecado es del diablo, porque el diablo peca desde el principio» (1 Juan 3.8). Toda maldad es pecado. En resumen: Dios odia el pecado (Salmos 5.5).

¿QUÉ DEBE HACER EL PECADOR?

El pecado conlleva la pena de muerte, y nadie tiene la capacidad para salvarse a sí mismo del castigo del pecado ni de limpiar el corazón de su inmundicia. Jesús dijo: «Todo aquel que hace pecado, esclavo es del pecado» (Juan 8.34). Esta es la mala noticia. He aquí las Buenas Nuevas: *Dios ama al pecador* pero exige arrepentimiento. Ninguna de las personas que participó en la discusión cibernética sobre el pecado parecía conocer el remedio para el pecado; sin embargo, fue el amor de Dios por los pecadores lo que envió a Jesús desde el cielo para erradicar aquello que nos mantenía como rehenes de la culpa, la vergüenza y una total desesperanza. Él hizo añicos el poder del pecado por medio de su amor, que refleja su compasión, misericordia y gracia divina. La Biblia dice:

> ¿Qué Dios como tú, que perdona la maldad, y olvida el pecado del remanente de su heredad? No retuvo para siempre su enojo, porque se deleita en misericordia... Sepultará nuestras iniquidades y echará en lo profundo del mar todos nuestros pecados.
>
> (MIQUEAS 7.18–19)

La oferta de Dios es para todos los pecadores: «Y los limpiaré de toda su maldad con que pecaron contra mí; y perdonaré todos sus pecados con que contra mí pecaron, y con que contra mí se rebelaron» (Jeremías 33.8). La obra maestra de la desesperanza es eclipsada por el perdón y la misericordia, las obras maestras de Dios.

El problema principal de la humanidad es el pecado. La verdad principal de Dios es el maravilloso regalo de su salvación. Y Jesucristo es el único remedio para el pecado. «Si confesamos nuestros pecados, él es fiel y justo para perdonar nuestros pecados, y limpiarnos de toda maldad» (1 Juan 1.9).

La Biblia afirma: «Toda injusticia es pecado» (1 Juan 5.17). *Toda* es una palabra muy importante. Abarca no solo a *toda* persona, sino también a *todas* las acciones, palabras, pensamientos no expresados y actitudes. Incluso cuando se dirige a los demás estas cosas son igualmente nocivas para nosotros. El enojo hacia los demás nunca alivia nuestros corazones. Los celos hacen que algunos expresen su rabia exteriormente mientras que otros lo hacen interiormente. El chisme envenena nuestra lengua y depreda nuestra mente. El pecado transgrede el amor de Dios y quebranta la ley divina creada para protegernos de estas mismas actitudes detestables y peligrosas. Este es el cuadro de la injusticia. La Biblia dice: «Por cuanto todos pecaron y están destituidos de la gloria de Dios» (Romanos 3.23). Podemos pretender que no somos injustos, pero en nuestros corazones sabemos que sí lo somos.

Total, ¿a quién le importa la ley?

Quizás usted diga: «La sociedad se ha vuelto sofisticada. No necesitamos la ley de Dios para que nos gobierne». ¿Está usted entre aquellos que desearían abandonar todo tipo de ley?

¿Le gustaría ir por las carreteras del mundo conduciendo un vehículo donde no haya señales de tráfico ni límites de velocidad, ni derechos de vía, ni señales de pare para evitar que otros vehículos se precipiten sobre el suyo?

¿Cree que los aviones podrían ascender sin problemas y viajar por el espacio aéreo sin las torres de control de tráfico?

¿Le gustaría someterse a una cirugía con el bisturí en manos de alguien que nunca aprobó Biología 101 ni se graduó de la escuela de medicina?

¿Disfrutaría de su deporte favorito si no hubiera reglas o límites? ¿Cuál sería el punto? Cuando un jugador se sale de los límites del campo de juego, ha cometido una falta y se le debe aplicar un castigo por esa infracción. Este es un lenguaje corriente en los deportes. Aceptamos las reglas; de hecho, las apreciamos. Si estamos apoyando a nuestro equipo, y el otro comete una falta y el árbitro la castiga, aplaudimos.

¿Empieza a ver qué tenemos en nuestros corazones? ¿Cree que el Señor se alegra cuando nos salimos de los límites? No. Su corazón se entristece. La Biblia dice: «Todo designio de los pensamientos del corazón de ellos [de los hombres] era de continuo solamente el mal... y le dolió su corazón» (Génesis 6.5, 6). El deseo de Dios es que todos los hombres venzan al pecado.

Satanás, por otro lado, hace todo lo que puede para que fracasemos, para destruirnos. Las Escrituras nos dicen que nuestro «enemigo el diablo, como león rugiente, anda alrededor buscando a quien devorar. Resistid» (1 Pedro 5.8, 9).

Las reglas en el juego son necesarias, e incluso son bienvenidas. Las leyes son necesarias y deberíamos estar agradecidos por ellas. Sin embargo, en lugar de honrarlas, pervertimos las leyes que regulan nuestro diario vivir. También pervertimos la ley de Dios. Sus mandamientos están diseñados para nuestro bien, para indicarnos donde fallamos.

La ley de Dios prueba que nosotros no damos la talla. Cuando violamos su ley perfecta, el pecado nos domina. El pecado nos está llevando más allá de los límites impuestos por Dios. Y cuando terminamos haciéndolo estamos pecando contra él.

Yo les diría a los participantes en el foro en la Internet que nosotros no definimos pecado. Quien lo define claramente en su Palabra es Dios, mostrándonos así la forma correcta de vivir. No estamos hablando de una lista de haz esto y no hagas esto otro. Los mandamientos de Dios están diseñados para mostrarnos su misericordia y su deseo de que vivamos de una mejor manera de la que escogeríamos por nosotros mismos.

La Biblia dice: «La ley es santa, y el mandamiento santo, justo y bueno» (Romanos 7.12). Él quiere que nos mantengamos dentro de los límites. De esa manera podremos alcanzar la victoria sobre el pecado.

¿Por qué? Una vez más: porque Dios ama a los pecadores.

¿ES POSIBLE ANULAR EL PECADO?

La palabra *pecado* aparece en el primer libro de la Biblia y muestra su poder sobre la humanidad: «Si no haces lo recto, el pecado está agazapado a tu puerta; él desea atraparte, pero tú te enseñorearás de él» (Génesis 4.7). Desde entonces, el pecado ha estado agazapado a las puertas de la humanidad.

La primera vez que el pecado se menciona en el Nuevo Testamento, muestra su vulnerabilidad ante el poder del Redentor. El ángel le dijo a José: «[María] dará a luz a un hijo, y le pondrás por nombre Jesús, porque él salvará a su pueblo de sus pecados» (Mateo 1.21, NVI).

Jesús dijo: «No he venido a llamar a justos, sino a pecadores al arrepentimiento» (Lucas 5.32).

¿Por qué dijo Jesús que no llamaría a los justos? Porque la Biblia dice: «No hay justo, ni aun uno» (Romanos 3.10).

Desearía poder conversar con cada una de las personas que participó en el foro cibernético sobre el pecado. Primero, les diría que Dios les ama, así como ama a cada uno de los que leen las páginas de este libro. Y esto es señal de que tiene interés en los asuntos de Dios. El anhelo del Señor es sacarnos del estado de pecado y llevarnos en un nuevo camino.

Quizás alguien piense que el pecado es divertido, pero la Biblia describe el dolor que trae el pecado:

Porque mis iniquidades se han agravado sobre mi cabeza;
Como carga pesada se han agravado sobre mí...
A causa de mi locura.

(SALMOS 38.4–5)

Eso no suena precisamente a algo muy divertido ¿cierto? ¡El pecado es asunto serio!

¿LE PUEDEN HACER DE NUEVO?

Ya hemos visto que pecar es hacer algo que está en contra del carácter santo de Dios, que el pecado es parte de nuestra naturaleza, que el pecado conduce a la muerte y que Dios nos ha redimido del pecado. Por esto la Biblia dice que debemos arrepentirnos de nuestros pecados y someternos a Dios. Debemos llegar a ser barro en sus manos de modo que pueda moldearnos según su semejanza.

¿Por qué alguien resistiría el toque de la mano del Maestro que trae esperanza de una vida significativa en Jesucristo? He escuchado a muchas personas contar la historia de un escultor que tallaba un trozo de piedra.

—¿Qué está tallando? —le preguntó un hombre.

—Estoy esculpiendo un elefante —respondió el escultor.

—¿Cómo sabe qué partes de la piedra tiene que eliminar —preguntó el hombre.

—Voy eliminando todo aquello que no se parece a un elefante —respondió el escultor.

Esto mismo es lo que Dios quiere hacer con nuestras vidas. Fuimos hechos a su imagen pero el pecado distorsionó todo en nosotros: el cuerpo, el corazón y la mente. Cuando nos sometemos a Dios y dejamos nuestras vidas a su cuidado, irá eliminando todo lo que no se parece a Él, para que así, al final, seamos uno plenamente con Él.

Verá, Dios no solo nos rescata de la esclavitud del pecado. No solo nos redime. Cuando nos salva, el Espíritu Santo comienza una transformación

43

en nosotros. Él perdona la maldición del pecado contra nosotros y nos hace de nuevo para que vivamos para Él.

Algunos afirman no saber qué es realmente el pecado. Yo estoy convencido que nadie va a pensar correctamente, actuar correctamente ni conducirse correctamente a menos que no entienda correctamente lo que es el pecado. Las definiciones distorsionadas del pecado han impedido que hombres y mujeres vean cuán desesperadamente necesitan a Cristo como su Salvador para que los salve del pecado.

En nuestra cultura hablamos muy a la ligera de los asuntos contra los que Dios lanza sus denuncias más poderosas y pronuncia sus advertencias más contundentes. El pecado no debe considerarse como una simple debilidad humana. Cuando nos referimos al pecado como un accidente, Dios lo llama abominación. Cuando decimos que fue una metida de pata, Dios lo llama ceguera. Decimos que el pecado es una nimiedad, pero Dios insiste que se trata de una tragedia.

Con demasiada frecuencia tratamos de justificarnos por nuestros pecados, pero Dios nos declara convictos de pecado para luego salvarnos de él. Entonces, el pecado no es un juguete con el cual entretenernos sino un terror al que hay que evitar.

¿CÓMO PUEDO REDIMIRME?

Una joven atribulada hizo una pregunta a quien quisiera escucharla: «¿Cómo puedo redimirme a mí misma por lo que he hecho? No soy una persona religiosa y he hecho muchas cosas por las que no puedo pedir disculpas».

Alguien le contestó: «Haga buenas obras con su vida. Ayude a otras personas siempre que le sea posible. Sea comprensiva y compasiva. Trabaje con ahínco, realice cualquier trabajo que sea para beneficio de la sociedad y podrá arreglar las cosas por usted misma».

Otra persona le respondió impertinentemente: «Usted no tiene alma, así que no tiene por qué preocuparse».

Una tercera persona pensó que su respuesta llevaría consuelo a la joven y dijo: «Busque el perdón de aquellos a quienes ofendió y perdónese a usted misma».

Si bien podemos perdonarnos a nosotros mismos, eso no nos ganará la vida eterna en el cielo con Jesús. Dios ha provisto la forma para toda alma que desee ser rescatada y alejarse del pecado para ser redimida. Jesús dijo: «Yo he venido a buscar y a salvar lo que se había perdido» (Lucas 19.10). ¿De qué somos rescatados? Del pecado que con tanta facilidad nos asedia. El pecado conduce a la muerte y, a la larga, produce nuestra separación eterna de Dios en un lugar llamado infierno. ¡Ah! Sé que muchas personas rechazan la idea del infierno, pero el infierno no es una idea, es una realidad.

Esta joven no puede redimir lo que no le pertenece, y su alma le pertenece a Dios y es él quien la juzga. Si ella misma perdona los errores que ha cometido contra otras personas, sus palabras estarán vacías y no tendrán ningún poder. La fastidiosa fuerza de la culpa todavía la seguirá.

Pedirle perdón a quienes ofendió es ciertamente un buen comienzo, pero esas personas tampoco tienen poder sobre sus propias almas, y mucho menos sobre el alma de otros. Solo Jesucristo puede redimir el alma que está sumida en la culpa y la vergüenza. El peso de esta carga nos impedirá salir adelante hasta que aceptemos el regalo de Jesús: el regalo que libera nuestras almas del poder del pecado.

No podemos perdonar pecados porque el pecado es contra Dios. Solo Él puede perdonarnos y liberarnos. Las buenas obras tampoco traerán consuelo a nuestras almas porque todo lo malo e hiriente que hacemos a otros lo hacemos, a fin de cuentas, contra Aquel que creó nuestras almas.

Su alma le pertenece a Dios. Él es el único que puede redimirla.

Fue Dios quien creó su alma.

Fue el Señor Jesús quien murió para redimir su alma.

Y es el Espíritu Santo quien puede llenar su alma con el amor de Dios y guiar su vida.

Esta es la manera de alcanzar la victoria sobre el pecado.

APETITO POR EL PECADO

Desde el comienzo de los tiempos, las personas han luchado con el poder del pecado. Este se presenta en diversas formas: orgullo, celos, inmoralidad y toda forma de autosatisfacción. Todo esto se deriva de la raíz del pecado original, y así como Satanás apeló al apetito de Eva por la única cosa que Dios le había prohibido, él se presenta ante nosotros con mentiras. Satanás nos dice que haciendo lo bueno según los estándares de Dios solo estaremos privándonos de la felicidad y la autosatisfacción. Para describir la progresión del pecado, la Biblia dice: «Sino que cada uno es tentado, cuando de su propia concupiscencia es atraído y seducido. Entonces la concupiscencia, después que ha concebido, da a luz el pecado; y el pecado, siendo consumado, da a luz la muerte» (Santiago 1.14–15). Cuando Satanás seduce nuestros deseos también agita nuestro apetito por el pecado. Y cuando cedemos al deseo, él se anota una victoria y nosotros experimentamos la más miserable de las derrotas.

Pero no tiene por qué ser así. En la cruz, Jesús derrotó el poder de Satanás. Él murió por ti y por mí. Jesús salió victorioso ante la muerte porque derrotó el pecado.

Dios no tolerará el pecado. Lo condena y exige pago por él. Dios no seguiría siendo un Dios justo si ignorara el pecado. Su santidad y su justicia demandan retribución. La tendencia hoy día es pensar que una afirmación como esta es demasiado severa. Así que comenzamos a inventar otro evangelio. Podemos decir que el pecado no es tan malo. Pero Dios dice que *todo* pecado es muy malo y exige la pena de muerte.

Tal vez usted puede decir: «Eso me parece demasiado drástico». Y sin duda lo es —hasta el punto que el amor de Dios decidió enviar a Alguien para pagar el más cruel de los castigos. Ese Alguien es el Señor Jesucristo. Él vino voluntariamente. Jesús, el Hijo de Dios perfecto —que no conoció pecado— decidió llevar sobre Él nuestros pecados. La Biblia dice: «Al que no conoció pecado, por nosotros lo hizo pecado, para que nosotros fuésemos hechos justicia de Dios en él» (2 Corintios 5.21).

El mero hecho de que Dios haya enviado a su Hijo a la cruz para que pagara por los pecados sugiere que, a los ojos de Dios, el pecado es oscuro. «Mas Dios muestra su amor para con nosotros, en que siendo aún pecadores, Cristo murió por nosotros» (Romanos 5.8). «El Señor Jesucristo, que se dio a sí mismo por nuestros pecados, es quien nos rescatará del presente siglo malo» (Gálatas 1.4).

Esta es la maravillosa historia de la cruz. Jesús pagó la deuda de nuestros pecados sobre la cruz del Calvario para liberarnos de sufrir la pena que nos correspondía. La gente ha vuelto sus almas a Satanás pero desde la cruz de Cristo podemos oír al Salvador decir: «He venido a rescatarte. Ven a mí. Llevé el peso y las marcas de tu pecado para darte la libertad». Él fue voluntariamente a la cruz para recuperar la propiedad de su alma. Cristo pagó el más alto precio con su preciosa sangre para rescatar todo lo perdido por el pecado.

¿Quién puede libertarnos?

Entonces, ¿cuál es el problema?, tal vez se pregunta usted. Si Jesús murió en la cruz por nuestro pecado y Dios nos ha perdonado, entonces todo está bien, ¿cierto?

Si asumiéramos esa posición, entonces seríamos como Adán y Eva, reacios a reconocer nuestra desobediencia contra Dios.

Cada uno de nosotros tiene que reconocer sus transgresiones ante Dios. Debemos aceptar responsabilidad por nuestro pecado. Nuestros corazones deben estar verdaderamente arrepentidos por nuestra rebelión contra un Dios santo. Debemos darnos cuenta de que arrepentirnos de nuestro pecado es nuestra única esperanza para recibir la salvación de Dios. Y luego debemos alejarnos de la vida de pecado y comenzar a caminar según la verdad divina. La Biblia nos dice claramente que todos, como somos pecadores, debemos arrepentirnos y darle la espalda al pecado. «Apártese de iniquidad todo aquel que invoca el nombre de Cristo» (2 Timoteo 2.19).

Arrepentirnos es más que simplemente sentirnos apenados por nuestro pecado; es distanciarnos por completo de nuestra depravación. Cuando hacemos esto, Cristo Jesús nos libera de las consecuencias del pecado, que son la culpabilidad y la separación eterna de su presencia. Solo entonces somos liberados de las garras de Satanás y de su dominio eterno del infierno.

Es posible que esté diciendo: «Billy, esto me parece algo arcaico; difícil de creer. ¿Usted me está pidiendo que crea que Alguien que jamás he visto puede perdonarme por todo lo que he hecho tanto privadamente como en público?». Jesús dijo: «Bienaventurados los que no vieron y creyeron» (Juan 20.29).

Muy pocas personas se han reunido alguna vez con el jefe de un reino o el presidente de una república. Sin embargo, el poder de esos líderes es real y afecta a todos los que viven bajo su gobierno. Jesucristo gobierna con un amor que exige obediencia. Su gran amor nos llama al pie de su cruz para que podamos recibir su perdón por nuestras transgresiones. La Biblia dice: «Que la paz de Dios gobierne en vuestros corazones» (Colosenses 3.15).

¿QUIÉN NO QUIERE BUSCAR EL PERDÓN?

Quizás le sorprenda saber que muchas naciones alrededor del mundo tienen programas diseñados para el perdón de criminales. La constitución de España, por ejemplo, prohíbe los perdones generales pero establece que «el perdón individual es una medida generosa a los convictos sentenciados otorgado por el Rey».[8] La constitución de Sudáfrica da al presidente la potestad de perdonar a alguien por un delito que haya cometido.[9] Sin embargo, «el proceso del perdón no es para personas que mantienen su inocencia ni tampoco es una forma avanzada en el procedimiento de apelación».[10]

¿Le sorprendería saber que no todos a quienes se les ofrece el perdón lo aceptan? ¿Quién, podría preguntarse usted, rechazaría un perdón? La respuesta es aquellos que tal vez se niegan a que les salven cuando un barco se está hundiendo. Hay personas que de verdad creen que no pueden hacer nada malo; personas que creen que pueden salvarse por sí mismas de quien sea o lo que sea.

De los registros de la Corte Suprema de Estados Unidos extraemos esta historia de desafío. En 1829, a un hombre llamado George Wilson se le acusó de robo de correspondencia en Pennsylvania y de poner en peligro la vida del funcionario de gobierno encargado de la correspondencia. Por ese crimen «contra la paz y la dignidad de Estados Unidos de América», Wilson fue juzgado y sentenciado a muerte.[11] Pero el presidente Andrew Jackson le hizo llegar su perdón con la siguiente nota:

Yo, Andrew Jackson, presidente de Estados Unidos de América... he perdonado... a George Wilson por el crimen por el que ha sido sentenciado a muerte, remitiendo la pena [como se indica]...

En testimonio de lo cual he puesto mi mano y estampado el sello de Estados Unidos.[12]

Sin embargo, Wilson hizo algo extraño: se negó a aceptar el perdón. Como nadie parecía saber qué hacer, el caso Wilson fue enviado a la Corte Suprema.

Después de revisar los hechos del caso, John Marshall, el presidente de la Corte Suprema dictaminó que la validez de un perdón está determinada por la aceptación del que ha de recibirlo y que, si se rehúsa, el perdón no tiene validez. Y en su declaración, el presidente de la Corte Suprema concluyó que Wilson debía ser ahorcado. Y así ocurrió.[13] El presidente Marshall escribió:

> El perdón es un acto de gracia que procede del poder encargado de la ejecución de las leyes, por el cual se exime al individuo sobre quien pesa el castigo que la ley impone por un crimen que ha cometido. Es un acto privado aunque oficial, del magistrado ejecutivo, otorgado a la persona para cuyo beneficio se destina.[14]

Además, Marshall indicó que el perdón no debía ser impuesto a la fuerza sobre Wilson, diciendo: «Tal vez todos suponen que ningún condenado a muerte rechazaría el perdón».[15] Pero George Wilson lo hizo y la decisión de Marshall le concedía el derecho a rechazarlo. Pero Marshall también hizo notar la ley británica con respecto al perdón, diciendo que un hombre usualmente hace una solicitud de perdón al rey. Sin embargo, aun si un infractor inglés renuncia al derecho de perdón, el rey podría decidir no castigar al delincuente porque «el rey tiene un interés en la vida de ese sujeto».[16]

Este es un cuadro de Dios en el cielo: el Juez supremo que tiene un interés divino en su creación y ofrece gracia abundante. Nuestros crímenes contra Él; es decir, nuestros pecados, son perdonables. Debemos venir a los pies de la cruz y poner nuestra fe y confianza en Jesús, arrepintiéndonos de nuestros pecados. Cuando ponemos la mirada en el Salvador, Él mira nuestros corazones y dice: «Ya te he perdonado. La sangre que derramé te quitará toda culpa». La Biblia dice: «El Hijo del

Hombre [Jesús] tiene potestad en la tierra para perdonar pecados» (Mateo 9.6).

Esta es la historia de la cruz. Como Pedro lo presentó, Jesús «llevó el mismo nuestros pecados en su cuerpo sobre el madero, para que nosotros, estando muertos a los pecados, vivamos a la justicia; y por cuya herida fuisteis sanados» (1 Pedro 2.24).

DIOS CONTRA USTED

Jesús está listo para perdonarle, perdonar sus ofensas contra Él y para invitarle a estar bajo Su cuidado. Su voluntad y deseo es salvar a hombres y mujeres, no condenarlos. Él tiene un interés profundo en su creación, tanto así que ya pagó por su culpa y la mía.

Cada pecador tiene que llegar a su hora de decisión.

Somos delincuentes convictos. La ley nos tiene presos. El Rey está dispuesto a beneficiarnos con su misericordia por nuestras ofensas. Él ya ha hecho provisión para perdonar nuestras obras pecaminosas y nos ha ofrecido su gracia. No responder a la gracia de Dios tendrá consecuencias devastadoras.

Entonces, en el caso *Dios contra usted*, ¿quiere suplicarle a Jesús que le salve? Él lo hará si usted reconoce su culpa y acepta su perdón, luego vive para Él ahora y con Él en la eternidad. ¿O rechazará el perdón? ¿Procurará convencerse a usted mismo y a otros de su inocencia?

Satanás es quien le ha convencido de que usted es inocente. Y usted está muriendo, un poco cada día en su estado de culpa y desesperación, sin esperanza. Dios desea darle vida eterna, libre de culpa, pero Satanás desea que su alma se pierda para siempre con él.

Usted puede ser liberado del poder de Satanás. Y puede ser absuelto de la pena de muerte. Por esto la Biblia dice: «El cual nos ha librado de la potestad de las tinieblas, y trasladado al reino de su amado Hijo, en quien tenemos redención por su sangre, el perdón de pecados» (Colosenses 1.13–14).

No tiene por qué pasar el resto de su vida aquí en la tierra y por toda la eternidad preso en su culpa. Puede ser perdonado. Y cuando el Rey perdona, su nombre aparece en los registros del cielo, en el Libro de la

Vida. «Porque también Cristo padeció una sola vez por los pecados, el justo por los injustos, para llevarnos a Dios» (1 Pedro 3.18). Este es un intercambio eterno: pecado y muerte por esperanza y vida eterna.

¿TIENE SUFICIENTE FE PARA ACEPTAR EL PERDÓN?

Muchos dicen: «Esto es demasiado difícil de entender». ¿Podría decirle que no se puede entender sin que lo crea por fe? La fe es la llave que abre la enorme y maravillosa verdad de la gracia abundante de Dios.

El mundo está ciego a la verdad de que la redención divina de la humanidad es limitada. Es solo aceptando por fe a Cristo como nuestro Salvador personal que nacemos de nuevo, recibiendo así nueva vida en él y nos incorporamos a su familia. Las Escrituras enseñan que «todos son justificados libremente por su gracia mediante la redención que vino por Cristo Jesús. Dios presentó a Cristo como un sacrificio de expiación, a través del derramamiento de su sangre para ser recibido por fe» (Romanos 3.24–25).

«Todos» es una verdad hermosa, no la pase por alto. El mensaje de la Biblia es inclusivo: para *todos*. El mensaje de Dios también es exclusivo: solo aquellos que invocan su nombre pueden ser salvos. Pero la Palabra de Dios en clara en afirmar que Él desea que *todos* sean salvos.

E. Stanley Jones, el evangelista y misionero metodista que fue dos veces nominado al Premio Nobel de la Paz por su labor reconciliadora alrededor del mundo, escribió: «En la cruz, Dios envolvió su corazón en carne y sangre, y permitió que lo clavaran a la cruz para nuestra redención».[17]

La noción de pecado y la naturaleza pecadora han sido temas de debate desde el principio de los tiempos, y el debate continúa en nuestra cultura presente. El pecado se presenta en la mente, se manifiesta en las palabras y las obras, y está oculto en el corazón de cada uno de nosotros. Y dominará a todo hombre y a toda mujer que rehúsa creer que los vencerá.

La Biblia dice que el mundo entero es prisionero del pecado.

Antes de venir esta fe, la ley nos tenía presos, encerrados hasta que la fe se revelara. Así que la ley vino a ser nuestro guía encargado de conducirnos a Cristo, para que fuéramos justificados por la fe. Pero ahora que ha llegado la fe, ya no estamos sujetos al guía. (Gálatas 3.23–25, NVI)

El pecado ha incapacitado a la raza humana, pero Dios ha provisto el remedio. No existe ningún pecado que la sangre de Cristo no pueda limpiar. Y esta ciertamente es una buena noticia para una cultura que todavía no sabe qué hacer con el pecado. ¿POR QUÉ RECHAZARÍA ALGUIEN UN PERDÓN COMO ESTE?

Porque la gracia de Dios se ha manifestado para salvación a todos los hombres... renunciando a la impiedad... aguardando la esperanza bienaventurada.

(TITO 2.11–13)

CAPÍTULO CUATRO

EL PRECIO DE LA VICTORIA

*[Jesús] vino a ser autor de eterna salvación para
todos los que le obedecen.*

—HEBREOS 5.9

¿A QUIÉN NO LE GUSTA ser parte de un equipo ganador? La victoria es algo que todos queremos experimentar. De hecho, no conozco a nadie que prefiera la derrota a la victoria. La naturaleza humana se afana por la victoria. El ya fallecido Paul «Bear» Bryant —galardonado entrenador del equipo de fútbol americano de la Universidad de Alabama—, dijo: «El precio de la victoria es alto, pero igual de altos son los premios».[1] Otro Pablo, el gran apóstol, dijo: «Prosigo a la meta, al premio del supremo llamamiento de Dios en Cristo Jesús» (Filipenses 3.14).

¿Cuál es la batalla más grande y costosa que jamás se haya peleado? ¿Quién fue el vencedor y cuál fue la recompensa? La más grande batalla jamás librada fue entre el bien y el mal. Y esta gran batalla tuvo lugar en el Gólgota, también conocido como Monte Calvario, un escarpado cerro en las afueras de los muros de la ciudad de Jerusalén. Jesús fue el Vencedor, pagando el precio con su sangre. La recompensa fue la salvación de las almas humanas.

Jesús había pasado tres años con doce hombres escogidos: sus discípulos. Había caminado con ellos por llanuras y a través de valles. Había navegado con ellos por lagos y mares. Se había sentado con ellos en las montañas para enseñarles muchas lecciones, incluyendo esta: «El Hijo del Hombre será entregado a los principales sacerdotes y a los escribas, y le condenarán a muerte, y le entregarán a los gentiles para que lo escarnezcan, le azoten, y le crucifiquen; mas al tercer día resucitará» (Mateo 20.18–19).

Jesús les dio un atisbo de lo que iba a ocurrir, pero los discípulos no comprendieron que el Hombre a quien consideraban como su Rey pudiera caer en las manos de hombres comunes y corrientes. Su enfoque estaba centrado en el Amigo a quien llamaban Maestro —Aquel que predicaba salvación y un reino venidero, Aquel que creían que era el Mesías prometido.

VICTORIA DE LA ESCLAVITUD

La Pascua en la ciudad de Jerusalén era un día de recordación: la celebración más sagrada de los judíos. Ese día marcaba la victoria de generaciones de cautiverio, la libertad de la esclavitud a manos del imperio egipcio. Sin embargo, de lo que no se había dado cuenta la nación judía era que habían intercambiado la esclavitud física en Egipto por los rituales religiosos, así como el control romano. Para ellos, la celebración de la Pascua era un tiempo para recordar la intervención de Dios para liberarlos de sus opresores.

Jesús había sido enviado del cielo a la tierra para identificarse con sus sufrimientos y para predicar que su reino no era un reino humano sino divino. Él no predicaba sobre religión sino sobre una relación personal que Dios deseaba tener con su pueblo. Ellos no veían que la ley de Dios revelaba el pecado de la humanidad. No les gustaba pensar que ellos eran pecadores. El orgullo de su herencia religiosa les había enceguecido a la realidad de que ellos también eran pecadores y que necesitaban perdón. Así, continuaron la práctica de la ley y los sacrificios ofrecidos por sus pecados, negándose a creer que Jesús había venido a cumplir la ley (Mateo 5.17) limpiándola con su sangre.

A muchos de los que seguían a Jesús les encantaba presenciar los milagros que hacía. Apreciaban sus mensajes de paz y amor. Pero al seguir con sus sacrificios, rechazaban la idea que su Mesías tendría que ofrecerse a sí mismo como el sacrificio supremo por los pecados. Habían perdido de vista el propósito del sistema sacrificial; es decir, un cordero inocente y sin mancha cuya sangre cubriría sus pecados, y que por siglos había apuntado hacia la cruz. Desde el principio se había anunciado al Cordero de Dios «que quita el pecado del mundo» (Juan 1.29). La Biblia dice: «Todo esto es una sombra de las cosas que están por venir; la realidad se halla en Cristo» (Colosenses 2.17, NVI). Pero cuando Jesús habló de su muerte y la cruz, muchos lo abandonaron, rechazando la verdad de que todo hombre y toda mujer son pecadores y que deben arrepentirse de sus pecados y seguirlo a Él por fe.

Victoria arrolladora

A medida que se acercaba la Pascua aquel año, «todos los principales sacerdotes y los ancianos del pueblo entraron en consejo contra Jesús, para entregarle a muerte» (Mateo 27.1). Esta tormenta amenazadora eclipsó la celebración que estaba teniendo lugar en la ciudad. Jerusalén era el destino final de viajeros que venían a participar de la celebración más religiosa en la tierra. Sería un tiempo de recordación, proclamando que ellos eran el pueblo de Dios. En lugar de eso, se transformaron en una turba que gritaba pidiendo la sangre del Hijo de Dios, quien había venido para redimirlos de la esclavitud del pecado y de la ley que ellos no podían cumplir.

Ninguna de las personas presentes allí hubiera pensado que aquel caos resultaría en una victoria arrolladora. ¿Cómo un suceso tan catastrófico como la crucifixión de Cristo, vestida de tanto horror y brutalidad, podría tornarse victorioso? Para encontrar la verdad hay que buscar en el más grande libro jamás escrito: la Biblia.

El pueblo había transformado la fiesta de la Pascua en una furiosa exhibición. ¿Puede imaginarse una atmósfera carnavalesca, con una multitud reunida para observar a alguien ser torturado hasta morir? Para la mayoría del mundo moderno esto habría resultado inconcebible. Pero este es el cuadro que nos ofrece la Biblia: una multitud hostil pidiendo la muerte. La gente se divertía demandando el asesinato de un hombre inocente mientras pedían la liberación de un preso condenado.

Esto no era sorpresa para Jesús. Él había dicho a sus discípulos que tendría que morir. También les había dicho que saldría victorioso sobre la muerte y la cruz. Pero las palabras de Jesús les habían resultado incomprensibles.

Los dirigentes religiosos habían estado buscando alguna falla en Jesús. Ante los gobernantes romanos exigieron su muerte. Para mantener a la ciudad tranquila, Roma cedió ante la presión de los judíos y sentenció a Jesús a una ejecución estilo romano: la cruz.

LA ANTIGUA Y DURA CRUZ

Hay personas a quienes les gusta colgarse una cruz del cuello. Otros admiran este símbolo en la fachada de una catedral. Hay quienes se postran ante una cruz de flores en la tumba de algún ser querido. Pero durante la Pascua de aquel día, la multitud se hacinó junto al camino que partía desde la puerta de la ciudad, siguiendo al Hombre inocente que cargaba una antigua y dura cruz, símbolo de agonía, un instrumento de vergüenza. Y fue, precisamente, una cruz de escándalo la que cargó Jesús por ti y por mí.

La Biblia nos dice que después de haber sido brutalmente azotado, Jesús fue entregado a los soldados y estos pusieron una cruz sobre su espalda desgarrada. Jesús cargó el peso de los pecados del hombre sobre sus hombros. Soportó en su corazón el dolor de las almas perdidas; agonizó bajo aquel tremendo peso mientras subía por el Gólgota.

La gente no le había creído a Jesús cuando les había dicho: «Yo soy el camino» (Juan 14.6). Pero lo siguieron, lo atormentaron, se mofaron y lo ridiculizaron. La multitud había desechado la verdad cuando Él les había dicho: «Yo soy... la verdad» (Juan 14.6). Y a medida que la Verdad ascendía la escarpada cuesta, la gente gritaba: «¡Crucifícale! ¡Crucifícale!» (Lucas 23.21). Habían tenido éxito en sus demandas de que Pilato pusiera fin a la vida del Hombre que vino para dar vida. No le habían creído a Jesús cuando les dijo: «Yo soy... la vida» (Juan 14.6). Y sus vituperios se intensificaban: «¡Crucifícale! ¡Crucifícale!».

Jesús se tambaleó bajo el árbol en el que habría de morir aun por los pecados de aquellos que lo acusaron falsamente y que lo condenaron a muerte sin misericordia. Este instrumento de muerte —la cruz— se convertiría en una piedra de tropiezo para los rebeldes y el trono de Dios para los redimidos. Perdón y misericordia para los pecadores —usted y yo— fue lo que Jesús entregó desde la cruz. Esa es la victoria de la cruz.

Imagínese la escena. Un tropel de gente se arremolinaba, gritando más alto que el horripilante sonido de un mazo clavando estacas a través de las manos que habían traído sanidad y los pies que habían caminado sobre el agua. Tal vez algunos de los que observaban embobados aquel día habían sido testigos de sus milagros; y posiblemente casi todos hayan oído de las grandes cosas que Él había hecho.

La cruz de Jesús fue alzada y clavada en el suelo en el lugar de la crucifixión. La sacudida debe haber provocado una angustia inimaginable. Jesús se convirtió en un espectáculo ante la mirada de espectadores violentos. Colgaba en vergüenza y reproche. En este, el día más santo, cuando nadie iba a trabajar ni había actividad comercial, el hombre llevó a cabo el trabajo más impío que podría imaginarse.

Pero Jesús había dicho a sus seguidores que esperaran esto. «Y yo, si fuere levantado de la tierra, a todos atraeré a mí mismo. Y decía esto dando a entender de qué muerte iba a morir» (Juan 12.32–33). El peso de su cuerpo desgarró su carne. Su sangre empezó a fluir, tiñendo de rojo el madero. Su corazón se esforzó por seguir latiendo mientras Él miraba hacia abajo, a los corazones humanos llenos con pecado.

CLAVADO A LA CRUZ

¿Qué vio Jesús desde la cruz? Escarnecedores. Su vista penetrante se posó sobre aquellos ojos ciegos a la verdad. Vio a los líderes religiosos observándolo embobados mientras leían el título que habían clavado sobre su cabeza con el cargo contra Él escrito en tres idiomas: «ESTE ES JESÚS, EL REY DE LOS JUDÍOS» (Mateo 27.37).

Aunque tenía la intención de mofarse de Jesús, en realidad el letrero proclamaba la más grande verdad: Jesús murió por todos. El título lo escribieron en hebreo para que los religiosos lo pudieran entender. Lo escribieron en griego para que los cultos lo pudieran entender. Lo escribieron en latín para que el mundo gobernante lo pudiera entender.

El mensaje de la cruz es para todos. «Porque no envió Dios a su Hijo al mundo para condenar al mundo, sino para que el mundo sea salvo por él» (Juan 3.17). La cruz muestra la seriedad de nuestro pecado, pero también proclama el inconmensurable amor de Dios. Jesús le dice a la raza humana: «Me encontraré con ustedes solo en un lugar: la cruz, el lugar de la victoria».

AL PIE DE LA CRUZ

Jesús miró a la multitud reunida, pero casi todos sus seguidores se habían ido. Sus discípulos, excepto Juan, lo habían abandonado. La única presencia solemne la encontró en los rostros agonizantes y corazones destrozados de su madre, algunas otras mujeres y unos pocos amigos que se mantenían de pie observando aterrorizados.

Jesús vio a los soldados romanos jugándose su ropa al pie de la cruz. Sin duda, mientras jugaban produciendo gran alboroto, miraban al cielo, posaban sus ojos en Jesús a quien habían azotado y lo veían sangrando y esforzándose por respirar bajo el calor del día. La Biblia dice: «Y sentados le guardaban allí» (Mateo 27.36).

A cada lado de Jesús colgaban dos criminales: ladrones y asesinos quienes a pesar de su propio dolor encontraron fuerzas para infamarlo. Uno de ellos, dijo: «Si tú eres el Cristo, sálvate a ti mismo y a nosotros» (Lucas 23.39). Otros que pasaban por allí le injuriaban, diciendo: «Sálvate a ti mismo; si eres el Hijo de Dios, desciende de la cruz» (Mateo 27.40).

El sumo sacerdote, los maestros de la ley y los ancianos se burlaban: «A otros salvó, a sí mismo no se puede salvar. El Cristo, Rey de Israel, descienda ahora de la cruz, para que veamos y creamos» (Marcos 15.31–32). Los soldados, por su parte, también se mofaban de él y decían: «Si tú eres el rey de los judíos, sálvate a ti mismo» (Lucas 23.37). Fanfarroneaban mientras llevaban a cabo el derramamiento y la vergüenza de crucificar a un Hombre inocente.

Este no era un escenario sombrío, donde la gente consolaba al que estaba muriendo. Era más bien una confabulación escandalosa, donde la gente sedienta de sangre se reunió para acusar falsamente al Único que representaba la vida eterna. El odio y la hostilidad permeaban la atmósfera. La multitud se deleitaba escarneciendo a quien había venido a salvarlos del mal. Esto era lo que Jesús veía y oía desde la cruz. Veía los corazones perversos de las personas. Y oyó, saliendo de los labios de la gente, un vil reproche.

Quizás usted, con razón, diga: «Este no es un cuadro de victoria».

Es solo cuando oímos las palabras que salen de sus labios que podemos regocijarnos en todo lo que significó aquel día, significado que sigue hasta hoy.

¿Qué dijo el Maestro a los soldados que lo torturaron?

¿Qué dijo el Hijo de Dios a su Padre que lo había abandonado?

¿Qué dijo Jesús a su madre angustiada?

¿Qué dijo el Rey de los judíos a los líderes religiosos que le gritaban?

¿Qué dijo el Hijo del Hombre a aquellos que lo vituperaban?

Con los mismos labios que hablaron de paz durante su ministerio de tres años, Jesús habló amor a sus amigos, así como a sus enemigos.

El mensaje desde la cruz

Jesús murió voluntariamente en la cruz para identificarse con todos los que buscan la verdad. ¿Está usted entre ellos? ¿Ha escuchado lo que Jesús le dijo desde la cruz? Usted estuvo allí. Yo estuve allí. Ah, es cierto que todavía no habíamos nacido, pero nuestros pecados estuvieron presentes aquel día. No fueron únicamente los soldados, los malhechores, los líderes religiosos, los que iban pasando por allí, los que tomaron parte en la crucifixión de Jesús. Nuestros pecados también le clavaron a la cruz.

Nadie habría podido obligar a Jesús a ir a la cruz si no hubiera querido. Este es el meollo de la cruz: Jesús escogió ir al Calvario. Jesús ofreció su vida voluntariamente por los pecados del mundo. Él murió por propia voluntad, permitiendo así que los pecados de usted y los míos fueran clavados a su cruz.

La Biblia dice que estamos condenados a un destierro eterno de la presencia de Dios porque el pecado separa al hombre de Dios. Recuerde, el pecado trae consigo un castigo: «El alma que pecare, esa morirá» (Ezequiel 18.20). Pero Jesús dijo: «Yo moriré en tu lugar. Yo tomaré tu sentencia. Yo me haré cargo de tu muerte. Yo iré a la cruz». Esto fue lo que Jesús hizo por usted y por mí. Dos mil años atrás, Dios invitó a un mundo moralmente corrupto a ir al pie de la cruz. Allí, expuso sus pecados y los míos a las llamas hasta que el último vestigio de nuestra culpa se consumió.

Cuando Jesús colgaba de la cruz, en los cielos se libraba una furiosa batalla cósmica. Al final, la victoria sobre todas las fuerzas del mal y de la muerte y del infierno correspondió a Cristo, dándonos la más grande de todas las esperanzas: el perdón eterno.

Aunque la cruz repele, también atrae. Posee una cualidad magnética. Una vez usted se ha acercado a la cruz, jamás podrá ser el mismo. La mayor visión del pecado está en la cruz, pero ahí también encontramos la más grande visión de amor. «Nadie tiene mayor amor que este, que uno ponga su vida por sus amigos» (Juan 15.13). Jesús colgó de la cruz con usted y conmigo en mente. Y desde allí, predicó el más poderoso sermón. En solo siete frases breves, encapsuló la totalidad de sus tres años de ministerio.

JESÚS, EL GRAN PERDONADOR

El primer mensaje que Jesús predicó desde la cruz fue el perdón.

La crucifixión es una muerte horrible. La posición de la víctima sobre la cruz resulta en asfixia, impidiendo que exhale e inhale adecuadamente. Respirar es difícil y hablar insufrible. Pero en medio de su agonía, Jesús ministró a lo más vil de la humanidad y también a los de corazón quebrantado. Por eso a menudo se identifica la cruz como el símbolo del cristianismo.

Mientras los guardias se dividían sus ropas echando suertes sobre ellas, Jesús decía: «Padre, perdónalos, porque no saben lo que hacen» (Lucas 23.34). Aun desde la cruz, Jesús habló a su Padre celestial en favor de sus enemigos. Este era un mensaje con el que sus seguidores habían tenido dificultad: «Pero yo os digo: Amad a vuestros enemigos, bendecid a los que os maldicen, haced bien a los que os aborrecen, y orad por los que os ultrajan y os persiguen para que seáis hijos de vuestro Padre que está en los cielos» (Mateo 5.44–45).

La cruz proyecta un gran haz de luz sobre lo malo de este mundo. No queremos que la luz que emana de la cruz escudriñe nuestros corazones porque nos dice que somos culpables ante los ojos de Dios. La sangre de

Jesús nos declara culpables, pero también nos limpia. La sangre de Jesús trae reprensión, pero también trae redención. La sangre de Jesús frustra el mal, pero también trae perdón al pecador. La sangre de Jesús cancela el juicio de Dios al corazón arrepentido.

JESÚS, EL GRAN SALVADOR

El segundo mensaje que Jesús predicó fue de salvación y seguridad. A medida que Jesús se desangraba, Él escuchaba a los malhechores a su izquierda y a su derecha discutiendo sobre lo que habían oído acerca de Jesús. Uno de ellos rechazó la salvación con sarcasmo. Pero el otro lo recibió:

> Y uno de los malhechores que estaban colgados le injuriaba, diciendo: Si tú eres el Cristo, sálvate a ti mismo y a nosotros. Respondiendo el otro, le reprendió, diciendo: ¿Ni aun temes tú a Dios, estando en la misma condenación? Nosotros, a la verdad, justamente padecemos, porque recibimos lo que merecieron nuestros hechos, mas éste ningún mal hizo. Y dijo a Jesús: Acuérdate de mí cuando vengas en tu reino. Entonces Jesús le dijo: De cierto te digo que hoy estarás conmigo en el paraíso. (Lucas 23.39–43)

Jesús conocía el corazón de estos criminales, pero solo uno se convenció de su pecado. La Biblia dice que la convicción conduce al arrepentimiento. El ladrón, quien sin duda tenía grandes dificultades para hablar, confesó su pecado, admitiendo que sus actos lo hacían merecedor de la pena de muerte. Él reconoció que Jesús era inocente. Y al pedirle que lo recibiera en su reino, proclamó que Jesús realmente era el Rey.

La Biblia dice:

> Cerca de ti está la palabra, en tu boca y en tu corazón. Esta es la palabra de fe que predicamos: que si confesares con tu boca que Jesús es el Señor, y creyeres en tu corazón que Dios le levantó de los muertos, serás salvo. Porque con el corazón se cree para justicia, pero con la boca se confiesa para salvación. Pues la Escritura dice: Todo aquel que en él creyere, no será avergonzado. Porque no hay diferencia entre judío y

griego, pues el mismo que es Señor de todos, es rico para con todos los que le invocan. (Romanos 10.8–12)

El ladrón dio muestras de una fe extraordinaria. Colgaba cerca de la cruz de Cristo y el Verbo —Cristo Jesús— estaba cerca de él, recibiendo su corazón arrepentido.

El único arrepentimiento a las puertas de la muerte que encontramos en toda la Biblia es este relato del ladrón en la cruz. He conocido a algunas personas que aceptaron a Cristo como su Salvador justo antes de exhalar el último aliento. Pero, mi amigo, no abuse de la gracia de Dios porque la Biblia dice: «He aquí ahora el tiempo aceptable; he aquí ahora el día de salvación» (2 Corintios 6.2).

En ninguna parte de las Escrituras se nos promete un mañana. La Biblia no dice que mañana es el día de salvación porque eso podría tentarnos a continuar en pecado un día más. ¿Entiende la urgencia y necesidad de la salvación? El ladrón entendió que más que estar confinado a la cruz de muerte, se encontraba en la encrucijada de una decisión. Y escogió el único camino a la salvación, porque la salvación viene solo a través de la cruz de Cristo. Cristo es el camino, Su palabra es la verdad, y su muerte y resurrección traen vida.

Aquel día no había muchas personas pensando en la resurrección prometida. Pero las palabras del ladrón pusieron en evidencia su fe en esa esperanza gloriosa. En medio del sufrimiento, rodeado por hombres pervertidos, Jesús se complació en oír aquellas palabras sinceras de arrepentimiento. «Señor, acuérdate de mí cuando vengas en tu reino».

Este pecador que colgaba cerca de la cruz de Jesús encontró la salvación justo en aquel momento. En su carta a los Romanos, Pablo cita del Antiguo Testamento:

Todo aquel que invocare el nombre del Señor será salvo.

(JOEL 2.32)

Aquel ladrón quizás nunca tuvo la oportunidad de caminar en la tierra en los caminos de Cristo, pero por más de dos mil años su testimonio de lo que Jesús hizo por él ha hablado a través de las páginas de las Escrituras, tal como lo predijo uno de los salmos:

La posteridad le servirá;
  del Señor se hablará a las generaciones futuras.
A un pueblo que aun no ha nacido
  se le dirá que Dios hizo justicia.

(SALMOS 22.30–31, NVI)

El Señor derramó su sangre voluntariamente por el pecado de la humanidad porque sabía que «sin derramamiento de sangre no se hace remisión» (Hebreos 9.22). Este criminal convertido exhibió una fe más allá de la razón. Fe quiere decir que usted se consagra totalmente a Cristo. Su esperanza está únicamente en Él. Él llega a ser el Único en quien usted confía completamente para su salvación. La Biblia dice: «Así que la fe viene como resultado de oír el mensaje, y el mensaje que se oye es la palabra de Cristo» (Romanos 10.17, NVI).

Vemos el contraste entre estos dos criminales y sus reacciones ante Jesús. Ambos lo vieron como condenado injustamente. Ambos oyeron su mensaje desde la cruz. Jesús vio los corazones de estos dos hombres de la misma manera que ve dentro de nuestros corazones el día de hoy. Sus brazos se extendieron como si quisiera decir: «Ven».

Sus oídos no estaban sordos. Él escuchó los insultos de rechazo, y oyó la débil súplica de arrepentimiento:

He aquí que no se ha acortado la mano del Señor para salvar, ni se ha agravado su oído para oír.

(ISAÍAS 59.1)

En el mundo hay dos clases de personas: los salvados y los perdidos. Ambos tienen la misma oportunidad de decidirse por Cristo o rechazarlo. Estos dos malhechores representan a todos los seres humanos, todos tienen la misma oportunidad. El que rechazó a Cristo lo maldijo, mientras que el otro lo confesó. Este sabía que merecía la muerte pero en su propia debilidad exhibió la fe necesaria para creer que Jesús era, sin duda alguna, el Salvador del mundo. La Biblia dice: «Porque también a nosotros se nos ha anunciado la buena nueva como a ellos; pero no les aprovechó el oír la palabra, por no ir acompañada de fe en los que la oyeron» (Hebreos 4.2).

El arrepentimiento es por fe, cuando creemos que Dios perdonará. El arrepentimiento es reconocer su pecado y, por fe, aceptar el perdón de Cristo, cambiando su opinión sobre quién es Cristo Jesús y lo que Él ha hecho por usted, dejando entonces el pecado e iniciando el camino de la cruz. Cuando usted hace esto, Él lo capacita para creer que lo limpiará de su pecado y le dará un nuevo corazón, una mente renovada y una voluntad de seguirle a su reino.

Este convertido tuvo un cambio de actitud. Al finalizar Jesús su obra en la cruz, y cuando el malhechor estaba a punto de morir, recibió la promesa de un nuevo comienzo —vida eterna en el paraíso— en la presencia de Dios.

Al leer el relato de la crucifixión, es fácil pasar por alto la gloria de la cruz debido a su cualidad de vergonzosa —la vergüenza por el pecado humano que clavó a Jesús al madero. La cruz representa el amor sufriente de Dios, que lleva la culpa por el pecado de la humanidad y el único capaz de derretir el corazón del pecador y llevarlo al arrepentimiento para salvación. Esa es la gloria de la cruz.

Se ha dicho que había una cruz en el corazón de Dios mucho antes de que la cruz de Jesús se levantara en el Calvario. Al pie de esa cruz se puede encontrar la sobrecogedora maravilla de la grandeza del amor de Dios por nosotros.

JESÚS, EL GRAN CONSOLADOR

El tercer mensaje que Jesús predicó fue un mensaje de consuelo, a pesar de la angustia que estaba soportando. Los clavos que traspasaron sus manos y sus pies no eran tan dolorosos como el pecado del hombre que traspasó su corazón. Pero la sangre que fluyó de las venas de Jesús fue tan preciosa como el amor que brotó de su corazón para salvar el alma de muchos.

La piel de Jesús se quemó a causa la intensidad del sol, pero no dejó de predicar consuelo como lo había hecho muchas veces. Jesús se olvidó de su propia agonía para preocuparse por su madre y hacer provisión para ella. Él sabía que sus discípulos habían desertado, pero cuando miró desde la cruz, vio que uno de ellos había regresado y estaba al lado de María. «Cuando vio Jesús a su madre, y al discípulo a quien él amaba, que estaba presente, dijo a su madre: Mujer, he ahí tu hijo. Después dijo al discípulo: He ahí tu madre. Y desde aquella hora, el discípulo [Juan] la recibió en su casa» (Juan 19.26–27).

La noche anterior Jesús había prometido a sus discípulos que no los dejaría solos (Juan 14.18). Incluso desde la cruz de su sufrimiento lo vemos nutriendo relaciones y dando esperanza. Esta es, precisamente, la razón por la que Jesús murió: para traer nuevamente a la humanidad a una relación con su Padre en el cielo.

Se nos dice que «el Hijo del Hombre no vino para ser servido, sino para servir, y dar su vida en rescate por muchos» (Mateo 20.28). Jesús mismo les había dicho esto a sus discípulos y en la cruz lo vemos dando ejemplo de que su palabra es verdad.

Si bien es cierto que Jesús fue crucificado por los pecadores, su muerte fue voluntaria: «Nadie me la quita [mi vida}, sino que yo de mí mismo la pongo. Tengo poder para ponerla, y tengo poder para volverla a tomar» (Juan 10.18).

Jesús lo hizo así para cumplir la profecía que encontramos en el libro de Isaías, escrito quinientos años antes, de que el Cordero de Dios sería llevado a la muerte:

> Despreciado y desechado entre los hombres, varón de dolores, experi-
> mentado en quebranto; y como que escondimos de él el rostro, fue
> menospreciado, y no lo estimamos.
>
> Ciertamente llevó él nuestras enfermedades, y sufrió nuestros
> dolores; y nosotros le tuvimos por azotado, por herido de Dios y aba-
> tido. Mas él herido fue por nuestras rebeliones, molido por nuestros
> pecados, el castigo de nuestra paz fue sobre él, y por su llaga fuimos
> nosotros curados...
>
> Por cuanto derramó su vida hasta la muerte, y fue contado con los
> pecadores, habiendo él llevado el pecado de muchos, y orado por los
> transgresores.
>
> (ISAÍAS 53.3–5, 12)

Hoy día, Jesús está sentado a la diestra de su Padre en el cielo, inter-cediendo por aquellos que le pertenecen. Sus palabras siguen trayendo consuelo a los que, como María, son dominados por la desesperación, abrumados por el dolor e ignorados por otros. Jesús vino a identificarse con nosotros en todas estas cosas y a darnos esperanza. La Biblia dice:

> Por la misericordia del Señor no hemos sido consumidos, porque nunca decayeron sus misericordias; Nuevas son cada mañana, grande es *tu* fidelidad... Bueno es el Señor a los que en él esperan, al alma que le busca. Bueno es esperar en silencio la salvación del Señor.
>
> (LAMENTACIONES 3.22–26)

Es imposible imaginarse el dolor desgarrador que María experimentó mientras veía a su Hijo desangrándose, sufriendo una muerte agonizante; oyendo sus últimas palabras y ella, incapaz de consolarlo. Sin duda, si alguien tuvo la completa seguridad que la muerte de Jesús terminaría en victoria, esa fue María porque ella sabía, más allá de toda duda, que Jesús había sido concebido del Espíritu Santo. Ella sabía más allá de la sombra de la cruz que Jesús, el Hijo de Dios, volvería a la vida.

JESÚS, EL GRAN RECONCILIADOR

El cuarto mensaje desde la cruz fue de reconciliación. Jesús, que no conoció pecado, tuvo que enfrentar el pecado para reconciliar al hombre con Dios. En esta hora de tanta oscuridad, se ganó la reconciliación victoriosamente.

¿Qué pudo haber pasado por la mente de María cuando oyó las voces de lamento dirigidas a Jesús? Sus acusadores gritaban: «¡Pues que Dios lo salve ahora, si de veras lo quiere! ¿No nos ha dicho que es Hijo de Dios?» (Mateo 27.43, DHH). Pero Jesús no descendió de la cruz. Dios el Padre no lo rescató. ¿Por qué? Porque Jesús entregó su vida voluntariamente para salvar a otros.

Cuando la noche anterior los discípulos de Jesús rehusaron creer que Él habría de ser crucificado, Jesús les dijo: «Ahora está turbada mi alma; ¿y qué diré? ¿Padre, sálvame de esta hora? Mas para esto he llegado a esta hora. Padre, glorifica tu nombre» (Juan 12.27–28). Él pudo haber llamado a legiones de ángeles a su lado. Pero escogió morir para salvarnos de una muerte eterna. Él decidió sufrir para darnos consuelo. Él decidió renunciar a su vida terrenal para que nosotros pudiéramos tener vida eterna. Esta es mi esperanza. ¿Es también la suya?

Jesús sufrió la persecución de su propio pueblo. Sufrió la deserción de sus discípulos. Pero peor que todo eso, sufrió el abandono de su Padre en el cielo para la gloria de Dios. No es de extrañar que clamara desde la cruz: «Dios mío, Dios mío, ¿por qué me has desamparado?» (Marcos 15.34). Dios el Hijo nunca se había separado de Dios el Padre, y Jesús sintió el horrible dolor del aislamiento mientras soportaba la ira de Dios sobre el mal del pecado.

Los ojos estaban enceguecidos. Los corazones estaban endurecidos. Los oídos, sordos a la verdad. En la cruz Jesús fue duramente afligido con los pecados del mundo pero también fue en la cruz donde completó la más grande de todas las obras. La cruz es donde el pecado se encuentra con el Salvador. La cruz es donde el pecador encuentra salvación. La cruz es donde las almas que luchan pueden encontrar victoria en Jesús.

Jesús soportó una aflicción que no se puede medir. Este es el cuadro ensangrentado del pecado que impide la relación de hombres y mujeres con Dios. Nosotros debemos crucificar —matar— nuestros propios caminos y tomar el camino de la cruz. Cuando hacemos eso, estamos participando en su gran obra de reconciliación.

JESÚS, EL QUE SACIA LA SED

Cuando aun tenía tiempo, Jesús predicó el quinto mensaje desde la cruz: «Tengo sed» (Juan 19.28). Solo imagine sus labios resecos, su piel ampollada, cada ligamento, tendón y músculo doliéndole por la tensión ejercida sobre aquella cruz cruel. Antes de haber sido clavado en el madero, Jesús había sido azotado. En medio de una angustia extrema, Él se retorcía debido a sus heridas inflamadas, la inmensa aflicción y fatiga de su cuerpo, alma y espíritu culminando en una profunda y natural necesidad de saciar una sed inaguantable.

Pero los corazones de los soldados estaban endurecidos y prosiguieron en su antagonismo hacia Él. Uno de ellos sumergió una esponja en vinagre de vino y se la ofreció en el extremo de una caña de planta de hisopo. Sin embargo, yo creo que había algo más de lo que Jesús tenía más sed. Todo lo que Él hizo y dijo apuntaba a su pasión por salvar las almas perdidas. Jesús estaba sediento por las almas.

Esto había sido evidente desde muy temprano en su ministerio cuando fue hasta Samaria. La Biblia dice en Juan 4 que ya era tarde ese día, «aproximadamente la hora sexta» (v. 6) y Jesús estaba cansado y sediento. Se sentó cerca del pozo de Jacob y una mujer vino en busca de agua. Jesús le pidió que le diera de beber... pero su intención era hablarle de su alma. La mujer se sorprendió ante la petición de Jesús porque sabía que los judíos no se relacionaban con los samaritanos. «¿Cómo tú, siendo judío, me pides a mí de beber, que soy mujer samaritana?» (v. 9). Conversaron un poco más y entonces Jesús le dijo algo que le cambió la vida. «Cualquiera que bebiere de esta agua, volverá a tener sed, mas el que bebiere del agua que yo le daré, no tendrá sed jamás; sino que el agua que yo le daré será en él una fuente de agua que salte para vida eterna» (vv. 13–14).

Veamos ahora a Jesús en la cruz. Cuando es aproximadamente la hora sexta, él dice: «Tengo sed». El enemigo le ofreció vinagre, que representaba la agrura del pecado. Jesús había bebido la copa de la ira del pecado, completando así su misión terrenal. En ese momento, enfrentó el infierno, el juicio, el pecado y la muerte. Y los derrotó a todos. Había venido a rescatar y a salvar lo perdido. Sus acusadores habían proyectado la cruz para causar daño, «mas Dios lo encaminó a bien, para hacer lo que vemos hoy, para mantener en vida a mucho pueblo» (Génesis 50.20). Y para hacer eso, tuvo que morir para que así nosotros pudiéramos vivir.

Por eso me encanta contemplar la cruz. En ella vemos la expresión del más grande amor de Dios por el hombre. El Señor «convirtió la maldición en bendición, porque el Señor tu Dios te ama» (Deuteronomio 23.5). Jesús, el Agua Viva, sostiene y nutre nuestras almas cansadas.

JESÚS, EL PROVEEDOR Y CONSUMADOR DE NUESTRA FE

El sexto mensaje que salió de los labios de Jesús fue que su obra en la cruz había sido completada. Había satisfecho la pena por el pecado a través de su propia muerte y había completado su misión de rescate para redimir el alma del hombre. Ahora podía pronunciar su grito de victoria: «Consumado es» (Juan 19.30).

¿Qué se había consumado? Ciertamente, no la vida de Jesús porque Él había dicho a los discípulos que moriría y que resucitaría al tercer día. Lo que se había consumado era el pago de la deuda por el pecado —pagado en su totalidad por el sacrificio voluntario de Jesús y su sangre derramada para redimir el alma del hombre. «Sabiendo que fuisteis rescatados de vuestra vana manera de vivir, la cual recibisteis de vuestros padres, no con cosas corruptibles, como oro o plata sino con la sangre preciosa de Cristo, como un cordero sin mancha y sin contaminación» (1 Pedro 1.18–19).

Jesús no fue obligado a dar su vida en pago por el pecado. Se dio a sí mismo como el cordero sustitutorio, el Cordero de Dios sacrificado por el mundo, tal como dice la Biblia y Él es ahora el Pastor de almas. «Porque vosotros erais como ovejas descarriadas, pero ahora habéis vuelto al Pastor y Obispo de vuestras almas» (1 Pedro 2.25).

La Biblia también dice: «Cuando Jesús hubo tomado el vinagre, dijo: consumado es. Y habiendo inclinado la cabeza, entregó el espíritu» (Juan 19.30). Y así, quieta, reverente y deliberadamente inclinó la cabeza sabiendo que había completado la obra que su Padre le había encomendado.

«Consumado es» es una proclamación de haber completado el plan de salvación. Nunca más se derramará sangre por los pecados. Jesús ya pagó el rescate.

Si el Padre hubiera rescatado a Jesús de la cruz nunca se habría pagado el precio por el pecado. Por esta razón, tan difícil de comprender, Dios envió a Jesús en una misión de rescate para salvar las almas de la humanidad. Y Jesús fue obediente al llamado del Padre. Dios el Padre y Dios el Hijo son Uno, unidos para traernos el gran regalo de nuestra salvación, nuestra victoria que se encuentra en el Dios-Hombre, Jesucristo.

Qué hermoso misterio es el que Cristo haya estado dispuesto voluntariamente a tomar el lugar suyo y el mío. Ahora tenemos la oportunidad de llegar a la meta con la esperanza y certidumbre de la vida eterna gracias a la victoria de Cristo en la cruz, «puestos los ojos en Jesús, el autor y consumador de la fe» (Hebreos 12.2).

JESÚS, EL GRAN VENCEDOR

En las Escrituras, el número siete es símbolo de plenitud. Jesús comenzó su sermón de siete puntos pronunciado desde la cruz llamando a su Padre y concluye este mensaje transformador de vida en el nombre del Padre. Muchos de los que lo rodeaban no se dieron cuenta de ello sino hasta la hora sexta. La noche aún no había caído, pero el sol dejó de alumbrar y las tinieblas cubrieron la tierra. Jesús clamó con voz de victoria: «Padre, en tus manos encomiendo mi espíritu. Y habiendo dicho esto, expiró» (Lucas 23.46).

Jesús, que había sido entregado en manos de pecadores, estaba ahora en las manos de Dios el Padre. El pecado había sido crucificado de una vez y para siempre.

Con respecto a este momento, la Biblia dice:

> En ese momento la cortina del santuario del templo se rasgó en dos, de arriba abajo. La tierra tembló y se partieron las rocas. Se abrieron los sepulcros, y muchos santos que habían muerto resucitaron.
>
> Cuando el centurión y los que con él estaban custodiando a Jesús vieron el terremoto y todo lo que había sucedido, quedaron aterrados y exclamaron: ¡Verdaderamente éste era el Hijo de Dios! (Mateo 27.51–54, NVI)

Y «entonces, los que se habían reunido para presenciar aquel espectáculo, al ver lo ocurrido, se fueron de allí golpeándose el pecho» (Lucas 23.48, NVI). Para este momento, los jugadores y los gruñones, los escarnecedores y los estafadores habían enmudecido. Su atroz asalto a Jesús era ahora su pesadilla implacable.

USTED ESTUVO ALLÍ

¿Con quién se identifica en la cruz de Jesucristo? ¿Es usted solo un transeúnte, burlándose de lo que Cristo ha hecho por usted o está sediento de la vida que Jesús anhela darle? ¿Se identifica con el ladrón que rechazó a Cristo como Señor o con el ladrón que se arrepintió ante Jesús, su Salvador?

Habrá algunos que se identifiquen con los líderes religiosos que creían que eran santos y justos pero que en venganza traicionaron, se burlaron y dieron muerte al Justo.

Quizás se ve allí sentado, con los soldados apostando a los dados para conseguir una pequeña parte de Jesús; o junto a María y Juan, esperando para ser consolado por Jesús. ¿Va a reconocer la derrota como hicieron los verdugos cuando sintieron la fuerza del terremoto que los obligó a caer sobre sus rodillas? ¿O va a decir con el centurión: «Verdaderamente este era el Hijo de Dios»?

¿Está parado cerca de la cruz con un corazón atormentado y adolorido al pensar en el Salvador que derramó su sangre por usted? ¿Está usted agonizando al pensar que fueron sus pecados los que clavaron a Jesús al madero de la cruz? Él agonizó por usted. ¿Está dispuesto a ser perseguido por el nombre de Jesús? Él fue perseguido por usted. Él sufrió por usted. ¿Entregará su espíritu en las manos de Aquel que murió por usted? Jesús miró nuestro pecado desde la cruz y aun así nos amó. ¿Va usted a mirarlo a Él y ser salvo (Isaías 45.22)?

La Biblia dice que Jesús...

al perdonarnos todos los pecados y anular la deuda que teníamos pendiente por los requisitos de la ley. Él anuló esa deuda que nos era adversa, clavándola en la cruz. Desarmó a los poderes y a las potestades, y por medio de Cristo los humilló en público al exhibirlos en su desfile triunfal. (Colosenses 2.13–15, NVI)

Jesús derrotó el pecado y su victoria sobre la muerte trajo vida y esperanza al alma de los hombres. La Biblia nos dice que «sorbida es la muerte en victoria... el aguijón de la muerte es el pecado, y el poder del pecado, la ley. Mas gracias sean dadas a Dios, que nos da la victoria a través de nuestro Señor Jesucristo» (1 Corintios 15.54–57).

El precio de la victoria fue la sangre preciosa de Jesús, y la recompensa está en las almas ganadas para el reino de su Padre. ¿Permanecerá derrotado por el pecado o dirá: «Se acabó el dominio del pecado sobre mí y estoy listo para sostenerme de Cristo»?

LA CRUZ SUFRIENTE DE JESÚS ESTÁ MANCHADA CON LOS PECADOS DEL MUNDO, PERO LA CRUZ GLORIOSA DE CRISTO LIMPIA LOS CORAZONES PECADORES ENSUCIADOS POR EL PECADO Y PARA TODOS LOS QUE SON SALVOS, LA CRUZ ES UN ÁRBOL DE VIDA.

Jehová ha hecho notoria su salvación;
A vista de las naciones ha descubierto su justicia.
(SALMOS 98.2)

CAPÍTULO CINCO

¿DÓNDE ESTÁ JESÚS?

Y en ningún otro hay salvación; porque no hay otro nombre
bajo el cielo, dado a los hombres, en que podamos ser salvos.

—HECHOS 4.12

¿CUÁL ES LA VICTORIA SUPREMA de la cruz? Que no pudo aguantar al Salvador del mundo, quien triunfó sobre el pecado y la muerte, y así ganó la salvación para la humanidad. La historia de la resurrección de Jesús es lo que le da sentido y poder a la cruz. ¡Qué fiasco sería el cristianismo si no pudiera llevar nuestra esperanza más allá de la frialdad y la profundidad de la tumba! Verá, la resurrección significa la salvación de nuestras almas.

¿Qué significa la resurrección para usted? Muchos nunca han pensado en esto. Algunos creen que Jesús murió dejando el legado de «haz bien a tu prójimo», pero no creen que él resucitó de entre los muertos. Otros creen que la resurrección fue un engaño. Y están los que dudan que Jesús haya existido alguna vez. Los verdaderos creyentes en Cristo Jesús no tienen duda de que Él vivió entre nosotros, murió por nuestros pecados y que después de tres días resucitó, conquistando así el aguijón de la muerte y ofreciendo a la humanidad el más grande regalo: su amor sacrificial.

Hace algunos meses una cadena de televisión hizo un reportaje sobre la Biblioteca Billy Graham, destacándola como un punto de interés en la ciudad de Charlotte, Carolina del Norte. Kristy Villa, una de las presentadoras del programa, llegó a la propiedad acompañada por su equipo de trabajo, y fue recibida por un colega que les explicó lo que suelen experimentar los visitantes. Nuestra anfitriona dirigió la atención de la periodista a las muchas cruces que se exhiben allí, incluyendo la cruz de vidrio de trece metros de altura a través de la cual los visitantes pasan cuando entran al edificio.

En medio de la presentación, la señora Villa dijo, en tono de sorpresa: «Veo todas estas cruces, ¿pero dónde está Jesús?». Mi colega sonrió y le dijo: «Él está en el cielo, pero también está presente en las vidas de todos los que creen en él y lo siguen como su Señor y Salvador». La periodista se llevó las dos manos a la cara y exclamó: «¡Claro! Hay quienes adoran un crucifijo, pero los cristianos adoran a un Cristo resucitado». Después de un momento, la señora Villa añadió: «He asistido a la iglesia durante toda mi vida, pero nunca había oído un mensaje en el que se enfatice la cruz vacía».

Quizás no se dio cuenta, pero ella acababa de proclamar el corazón del Evangelio, como lo he hecho yo por más de setenta años. Y luego dijo a sus televidentes: «Este destino [la biblioteca] es un lugar que usted tiene que visitar».[1] Cuando escuché su estupendo reportaje, mi corazón brincó y pensé en las palabras del salmista cuando dijo: «¡Vengan y vean las proezas de Dios, sus obras portentosas en nuestro favor!» (Salmos 66.5, NVI).

La pregunta que cada uno de nosotros debe hacerse es: «¿Qué significó para mí la obra de Jesús en la cruz y su resurrección, y qué significa ser salvo?».

Muchas personas, incluyendo a algunos que dicen ser cristianos, no entienden cabalmente el impacto que la crucifixión y la resurrección de Cristo tiene en el corazón humano. ¿Cómo sé esto? Porque no hay cambio en ellos. Se ha preguntado alguna vez: «¿Qué creo sobre la cruz vacía y la tumba vacía?».

El pie de la cruz vacía es el destino supremo en la vida. Su aceptación del sacrificio de Jesús, o su rechazo, determinan su vida futura. Si no cree que Jesús murió por usted, entonces seguirá siendo el mismo, una víctima del pecado y muriendo bajo su castigo, con la certeza de un juicio eterno en el infierno y el destierro de Dios. Pero si cree que Jesús se levantó de entre los muertos, que alcanzó la victoria sobre la cruz de la muerte, y acepta que Él pagó su culpa, usted nunca será el mismo.

La cruz vacía está llena de esperanza

La cruz representa condena para el pecado y esperanza para los pecadores. Condena el pecado y purifica las almas. La cruz es donde Jesús fue crucificado en nuestro lugar y donde Cristo trajo vida resucitada a la humanidad. La cruz ensangrentada es repugnante para algunos, pero la cruz vacía está llena de esperanza.

Satanás, demasiado ansioso por frustrar los propósitos de Dios, se pasó de los límites y Dios transformó lo que parecía ser la más grande tragedia de la vida en el mayor triunfo de la historia. La muerte de Cristo, perpetrada por hombres perversos, fue para ellos el fin, pero su tumba se convirtió en la puerta de entrada a la más grande victoria.

La resurrección fortalece la fe en Cristo Jesús. Si yo no creyera en la victoria sobre la muerte en la cruz y la resurrección corporal de Cristo de la tumba habría dejado de predicar muchos años atrás. Pero estoy absolutamente convencido que Jesús resucitó, y en este momento vive a la diestra de Dios Padre y reina en mi corazón. Lo creo por fe y lo creo por la evidencia que se encuentra en las Escrituras.

Lucas, un médico y discípulo de Jesús, fue uno de los hombres más brillantes de su época. En el libro de los Hechos hizo esta impresionante declaración sobre la resurrección: «Se presentó vivo con muchas pruebas indubitables, apareciéndoseles durante cuarenta días y hablándoles acerca del reino de Dios» (Hechos 1.3).

Estas «pruebas indubitables» se han debatido durante dos mil años. Muchos han descubierto la verdad mientras trataban de probar que la resurrección de Jesús fue una mentira, y fracasaron. Otros simplemente prefieren ignorar los hechos registrados en el libro de mayor venta de todos los tiempos, la Biblia.

Definición de historia

A Larry King —reconocido presentador de radio y televisión—, y un amigo personal de muchos años, le preguntaron en una ocasión cuál era el personaje histórico al que más le gustaría entrevistar. Su respuesta fue: «¡A Jesús!». Y agregó: «Le preguntaría si en realidad su nacimiento fue virginal. Su respuesta a esa pregunta definiría la historia para mí».[2]

Mi respuesta a esa pregunta ha sido siempre la misma: Jesús *nació* de una virgen porque la Biblia lo dice. El ángel se apareció a José y le dijo: «No temas recibir a María tu mujer, porque lo que en ella es engendrado, del Espíritu Santo es. Y dará a luz un hijo, y llamarás su nombre Jesús, porque él salvará a su pueblo de sus pecados» (Mateo 1.20–21).

Para algunos, el nacimiento virginal de Jesús es una tremenda piedra de tropiezo porque se niegan a aceptar la Palabra de Dios, la Biblia, como evidencia. Usted no puede creer en alguien si no cree a sus palabras.

Jesús nació de una virgen en cumplimiento de una profecía. Jesús fue crucificado en una cruz, en cumplimiento de una profecía; Jesús murió por los pecados de la humanidad, en cumplimiento de una profecía. Jesús fue sepultado en una tumba prestada, en cumplimiento de una profecía. Jesús resucitó de entre los muertos, en cumplimiento de una profecía. Jesús ascendió a los cielos, en cumplimiento de una profecía. Y este mismo Jesús vendrá de nuevo un día, en cumplimiento de una profecía. Esta es la esperanza y la certeza de todos los que creen en Él.

Tal vez usted dice: «Bueno, pero yo no lo creo». Si ese es su caso, me gustaría hacerle una sencilla pregunta: «¿Por qué?». Mucha gente ni siquiera cree que Jesús haya existido, y mucho menos que haya muerto y resucitado; sin embargo, el calendario usa el nacimiento de Jesús como el punto central del tiempo. ¿Por qué? Porque Él vino a la tierra, murió y resucitó, y viene de nuevo. Jesús *ha* definido la historia, dando esperanza para nuestros mañanas.

Si bien es cierto que gran parte del mundo reta a los cristianos a probar la real existencia de Jesús, un comentario en un sitio en la Internet de un prominente ateo dice que negar la existencia de Jesús es como «decir que alguien deliberadamente ignora la abrumadora evidencia». Otro dice que «si nunca existió, jamás seremos capaces de probarlo».[3]

¿Por qué cuestionar los hechos?

Aunque mucha gente rechaza esta verdad, el Antiguo Testamento predijo el nacimiento, muerte y resurrección de Cristo, y el Nuevo Testamento documentó el cumplimiento de estas profecías. Entonces, ¿por qué se cree en las biografías de muchas otras personas aunque se hayan escrito mucho tiempo después de sus muertes?

La biografía de Alejandro el Grande, por ejemplo, se escribió cuatrocientos años después de su muerte, lo que implica que su autor no lo conoció. Pero el legado de Alejandro se mantiene vivo, mientras que la gente pone en duda la vida de Cristo tal como aparece documentada en los Evangelios, y que fue escrita por personas que anduvieron con Él.[4]

A lo largo de los siglos, muchas personas nunca han tenido un registro de su nacimiento. No obstante, la existencia de Jesús se sigue poniendo en duda a pesar de la detallada genealogía, registrada en la Biblia, que ha desafiado la prueba del paso del tiempo. Muchos escépticos cuestionan la existencia de Jesús debido al tiempo de «silencio» entre sus doce a los treinta años. Sin embargo, la Biblia documenta muchos relatos de testigos oculares de su nacimiento, su persona, su ministerio, su muerte y su resurrección corporal.

¿Sabía usted que hoy día hay quienes dudan que William Shakespeare haya sido el autor de las obras que llevan su nombre? ¿Por qué? Porque «ninguno de los manuscritos originales de Shakespeare ha sobrevivido al tiempo».[5] Muchos eruditos opinan que «un campesino inglés, tosco, común y corriente carecía de la sofisticación... y la profundidad necesarias para haber escrito unas obras tan brillantes».[6] Por su parte, un reconocido actor shakesperiano afirmó en un artículo publicado en el *Washington Times*: «Estoy convencido que nuestro dramaturgo no fue ese tipo».[7]

Hay quienes ven a Shakespeare como una leyenda, como un seudónimo, porque no existen documentos que confirmen su nacimiento ni lo que hizo entre los años 1580 y 1592[8] —sencillamente no hay registros de su vida durante ese tiempo. Su biografía está sazonada con suposiciones y posibilidades, aunque «Shakespeare es el segundo escritor más citado en el idioma inglés después de varios escritores de la Biblia».[9]

¿Le sorprende esto? A mí me sorprendió. Las obras de Shakespeare son aclamadas en el mundo de la literatura como geniales, tal como lo afirma el poeta Ben Johnson en su famoso elogio: «Él no fue de una época, *¡sino de todos los tiempos!*».[10]

Un artículo muy fidedigno que apareció en la Internet, titulado «¿Cómo sabemos que Shakespeare escribió Shakespeare?», invita al lector a considerar un sinnúmero de datos históricos, entre ellos el hecho de que muchos de «los contemporáneos del poeta sabían quién era él y que jamás existió duda alguna en las mentes de aquellos quienes le conocieron».[11] Los autores del artículo concluyen:

¿Cómo sabemos que Shakespeare escribió Shakespeare? Lo sabemos porque los registros históricos así lo dicen, firme e inequívocamente. La evidencia histórica demuestra que uno y el mismo hombre, William Shakespeare de Stratford-upon-Avon, fue... William Shakespeare el autor de las obras y poemas que llevan su nombre...

[Los que afirman lo contrario] deben basarse únicamente en especulaciones sobre lo que ellos piensan que el autor «real» *debería* haber sido, porque no pueden producir ni un solo hecho histórico que apoye su negativa de aceptar quién realmente *fue* el autor. Pese a lo que ellos tratan de ignorar o explicar, los registros históricos —todos— establecen que William Shakespeare de Stratford-upon-Avon es el autor de las obras que tradicionalmente se le atribuyen.[12]

En su última voluntad, revisada un mes antes de su muerte, Shakespeare indicó:

En el nombre de Dios... Yo, William Shakespeare de Stratford upon Avon... en perfecta salud y con plena memoria, Dios sea alabado, hago y ordeno esta mi última voluntad y testamento en manera y forma siguiente; es decir, primero, encomiendo mi alma a las manos de Dios mi Creador, esperando y ciertamente creyendo, a través de los méritos de Jesucristo mi Salvador, ser participante de la vida eterna.[13]

Grabadas en su tumba están estas palabras:

Buen amigo, por Jesús, abstente...
Bendito el hombre que respete estas piedras,
y maldito el que remueva mis huesos.[14]

«Aunque era costumbre extraer los huesos de tumbas anteriores para dar cabida a otros, los restos de Shakespeare continúan sin sufrir intromisión».[15]

Nunca conocí al gran dramaturgo —por supuesto— pero sí creo que existió. Sus obras han perdurado hasta nuestros días, aunque sus *restos*, por decisión propia permanecen en su tumba, esperando el futuro y más monumental evento de todos los tiempos: el regreso de Cristo. Jesús, no Shakespeare, es el Único que «no fue de una época, *¡sino de todos los tiempos!*». Jesús mismo dijo: «He aquí yo vengo pronto... Yo soy... el principio y el fin, el primero y el último» (Apocalipsis 22.12–13).

Nunca conocerá a Shakespeare en esta vida porque ya él está muerto. Pero sí puede conocer a Jesús en esta vida porque Él vive. Las marcas de su sacrificio en la cruz se encuentran en los corazones humanos. En la mayoría de las lápidas mortuorias aparecen estas palabras: «Aquí descansan los restos de...». Pero desde la tumba de Jesús brotaron las palabras vivas pronunciadas por un ángel que dijo: «No está aquí, sino que ha resucitado» (Lucas 24.6). La tumba de Jesús es la única de la historia que está vacía. El cristianismo no tiene restos del Salvador para venerar ni una tumba ni un santuario para adorarlo.

Muchos abogados y juristas a lo largo de la historia se han convencido que la resurrección de Jesús es un hecho histórico real y certificado. John Singleton Copley —Lord Lyndhurst—, considerado una de las más brillantes mentes legales del siglo diecinueve en Gran Bretaña, lo dijo de esta manera: «Entiendo muy bien lo que es una prueba, y puedo asegurar que las pruebas que existen sobre la resurrección [de Cristo] jamás han sido refutadas».[16]

Simon Greenleaf, de la Universidad de Harvard, fue uno de los «más excelentes escritores y una de las autoridades legales más estimadas en el siglo diecinueve»,[17] y su texto de 1842, *A Treatise on the Law of Evidence* [Tratado sobre la ley de la evidencia] sigue considerándose un clásico.[18] En su libro *Testimony of the Evangelists* [Testimonio de los evangelistas], él abordó el tema de la resurrección de Cristo desde el punto de vista de los hechos y la evidencia, y concluyó que «por consiguiente, era imposible que [los escritores de los Evangelios] hubiesen persistido en afirmar las verdades que habían narrado si Jesús en realidad no hubiese resucitado de entre los muertos».[19]

El doctor William Lyon Phelps, un querido profesor de literatura inglesa en la Universidad de Yale durante muchos años, declaró: «La evidencia histórica de la resurrección [de Cristo] es más contundente que cualquier otro milagro».[20]

Estas afirmaciones fueron hechas por intelectuales reconocidos que han estudiado el asunto desde el punto de vista de la evidencia válida, y por lo tanto, la voz de estos eruditos armoniza con la de los ángeles y las de los discípulos para declarar hoy día con toda certeza: «Cristo el Señor ha resucitado».[21]

Existe más evidencia de que Jesús resucitó de entre los muertos que la que hay sobre la existencia de Julio Cesar o si Alejandro el Grande murió a los treinta y tres años. Es muy extraño que los historiadores acepten miles de datos de los que solo pueden producir mínimas evidencias. Sin embargo, ante la abrumadora cantidad de evidencia de la resurrección de Cristo, adoptan una posición crítica y escéptica, y expresan dudas intelectuales. El problema con estas personas es que, sencillamente, *no quieren* creer. Su visión espiritual está enceguecida por lo que están tan prejuiciados que no pueden aceptar el hecho glorioso de la resurrección de Cristo con solo el testimonio de la Biblia.

Mientras muchas instituciones se niegan a autenticar los relatos bíblicos, la Smithsonian Institution afirma:

> La Biblia, en particular los libros históricos del Antiguo Testamento son documentos históricos tan fidedignos como los otros que tenemos de la antigüedad y, de hecho, son más exactos que muchas de las historias egipcias, mesopotámicas o griegas.
>
> Estos registros bíblicos pueden ser y son usados... en trabajos arqueológicos. En su mayor parte, los hechos históricos descritos tuvieron lugar y las personas citadas realmente existieron.[22]

El mundo científico no puede negar la Biblia de manera inequívoca ni tampoco puede hacerlo la historia, basada en la evidencia de testigos presenciales. Esto es lo que dice la Biblia:

Porque primeramente os he enseñado... que Cristo murió por nuestros pecados, conforme a las Escrituras; y que fue sepultado, y que resucitó al tercer día, conforme a las Escrituras; y que apareció a Cefas, y después a los doce. Después apareció a más de quinientos hermanos a la vez, de los cuales muchos viven aún. (1 Corintios 15.3–6)

¿Y qué me dice del tremendo terremoto que se produjo tan pronto Jesús exhaló su último aliento, las tumbas que se abrieron y la resurrección de muchos que habían muerto? Si usted hubiera estado allí y presenciado a sus seres queridos andando por ahí después de haberlos sepultado, ¿habría creído? ¿No habría cambiado aquello su vida?

Satanás no cesa en su intento de desacreditar la Palabra de Dios y la resurrección. Él juega con nuestras mentes, provocando que dudemos, tal como lo hizo con Eva en el Huerto hace ya mucho tiempo atrás. Sus tácticas no han cambiado. Jesús dijo: «Mis palabras jamás pasarán» (Lucas 21.33, NVI).

Cuando de Jesús se trata, no hay términos medios ni medias tintas. O usted cree en Él y vive para Él, o lo rechaza y vive para usted mismo. Satanás no deja de susurrarle al oído, tratando de sembrar duda en su mente acerca de la verdad.

Para aquellos que todavía no han respondido a la pregunta: «¿Dónde está Jesús?», Satanás quiere que rechacen la verdad de que Él vive hoy en los corazones de los que creen en Él. Para aquellos que sí han respondido a la pregunta, Satanás quiere que duden del poder de Cristo en sus vidas. Es importante que conozca quién es el enemigo y cómo desarrolla su estrategia de batalla. Desde el principio, Satanás deseó robarle a Dios su lugar, su trono de gloria y su poder. En términos generales, Satanás nunca alcanzará sus propósitos pero puede lograrlo en términos individuales, si nosotros dejamos que gobierne nuestros corazones en lugar del Cristo resucitado.

A TRAVÉS DE LOS SIGLOS

En cierta ocasión, Jesús hizo a sus discípulos una pregunta crucial:

Salieron Jesús y sus discípulos por las aldeas de Cesarea de Filipo. Y en el camino preguntó a sus discípulos, diciéndoles: ¿Quién dicen los hombres que soy yo? Ellos respondieron: Unos, Juan el Bautista; otros, Elías; y otros, alguno de los profetas. Entonces, él les dijo: Y vosotros, ¿quién decís que soy? Respondiendo Pedro, le dijo: Tú eres el Cristo. (Marcos 8.27–29)

Al leer las páginas de este libro, ¿no siente que Jesús le está haciendo la misma pregunta: «Y tú, ¿quién dices que soy yo?».

Es interesante retroceder a través de los siglos y considerar lo que otros han dicho acerca de Jesús. Los escépticos dicen que las Escrituras no son fidedignas; sin embargo, los testimonios sobre la vida y resurrección de Jesús vienen de historiadores, filósofos, científicos, religiosos y, sí, hasta de ateos. La evidencia se corrobora con rollos muy antiguos, pergaminos manchados con tinta y comunicaciones modernas.

Siglos de historia documentan testimonios acerca de Jesús. Desde el primer siglo, un historiador judío llamado Flavio Josefo, cuya aceptación personal de Jesús como Mesías es debatible, confirma el impacto que Jesucristo tuvo en el corazón de sus seguidores:

> Por este tiempo, allí vivió Jesús, un hombre sabio... Ganó a muchos judíos y a muchos de los griegos. Él fue el Mesías. Cuando Pilato... lo condenó a ser crucificado, los primeros que habían aprendido a amarlo no dejaron de hacerlo. Al tercer día, se les apareció vuelto a la vida porque los profetas de Dios lo habían profetizado y habían dicho incontables otras cosas maravillosas de él. Y la tribu de cristianos, así llamados sus seguidores, no ha desaparecido aún.[23]

Justino Mártir y Tertuliano, historiadores y filósofos del siglo segundo, se refieren a la existencia de un documento oficial en Roma procedente de Poncio Pilato que habla de la crucifixión de Jesús: «Tiberio, habiendo él mismo recibido inteligencia de Palestina sobre acontecimientos que habían mostrado claramente la verdad de la divinidad de Cristo, trajo el asunto ante el senado con su propia decisión a favor de Cristo».[24]

En efecto, las actas de Poncio Pilato referentes al juicio de Jesús, su crucifixión y resurrección están documentadas por una serie de fuentes tempranas, siendo las más notables las de Justiniano, Tertuliano y

Eusebio, que informaron haber examinado las cartas de Pilato a Tiberio Cesar sobre el juicio y ejecución de Jesús.[25] Si bien muchos dudan de la autenticidad de esas fuentes, no es inconcebible creer que el evento más dramático jamás ocurrido en Israel haya sido adecuadamente documentado por el procurador gobernante de Judea, de quien se esperaba que hiciera un relato completo al emperador de Roma.

Aun documentos históricos negativos contienen evidencia de la verdad y poder de la historia bíblica. El emperador romano del siglo cuarto, llamado Julián el Apóstata, se opuso a los cristianos y escribió de ellos despectivamente, pero incluso sus insultos revelan testimonios:

> Jesús... todavía recordado después de unos trescientos años de no haber hecho nada en su vida digno de fama, a menos que alguien piense que es una obra grandiosa sanar a personas ciegas y cojas, y exorcizar demonios... Estos galileos impíos no solo alimentan a sus pobres, sino también a los nuestros; dándoles la bienvenida a su *agapae* [amor].[26]

El fin de la vida de Julián también nos ofrece un interesante testimonio en «retrospectiva». Él fue fatalmente herido durante una batalla con los persas, y como consecuencia murió poco después. Muchos relatos afirman que mientras alzaba su daga al cielo, sus últimas palabras fueron: «Has vencido, oh galileo».[27]

Sócrates, el filósofo ateniense, vivió cuatro siglos antes que Jesús y se preocupó por buscar la verdad. Su cita más famosa es: «Yo solo sé que no sé nada».[28] Aunque el famoso griego no dejó nada escrito, sabemos de él porque sus seguidores, particularmente Platón «escribieron sus recolecciones de cuánto había dicho y hecho».[29] Un escritor registró que «Sócrates enseñó por cuarenta años, Platón por cincuenta, Aristóteles por cuarenta y Jesús por solo tres. Pero la influencia de los tres años de ministerio de Cristo trascendió infinitamente el impacto dejado por un total combinado de ciento treinta años de enseñanzas de... estos hombres que estuvieron entre los más grandes filósofos de la antigüedad».[30] Esta opinión la repite Agustín en el siglo cuarto: «He leído en Platón y Cicerón dichos que son muy sabios y muy hermosos; pero nunca he leído en ellos: "Venid a mí todos los que estáis trabajados y cargados"».[31]

Muchos siglos después, en los años 1700s, el influyente filósofo suizo-francés Jean Jacques Rousseau escribió con admiración de Jesús:

> Si la vida y muerte de Sócrates son las de un sabio, la vida y muerte de Jesús son las de un Dios. ¿Podemos suponer que la historia evangélica no es más que ficción?... No lleva las marcas de la ficción. Por el contrario, la historia de Sócrates, que nadie piensa en poner en duda, no está tan bien autenticada como la de Cristo Jesús.[32]

Y como la verdad de Cristo es absoluta, su vida y su muerte confirman el cumplimiento de su resurrección.

Las obras maestras de Johann Sebastian Bach del siglo dieciocho están centradas en la muerte y resurrección de Jesús. Cuando Bach murió en 1750 se dijo que «entregó su alma bendita a su salvador».[33]

A comienzos del siglo diecinueve, el emperador Napoleón habló convincentemente de la verdad que dice la Biblia sobre Jesús:

> Conozco a los hombres, y les puedo decir que Jesucristo no es un [simple] hombre. Mentes superficiales ven una semejanza entre Cristo y los fundadores de imperios y los dioses de otras religiones. Tal similitud no existe... He buscado en vano en la historia tratando de encontrar el equivalente a Jesús o cualquiera cosa que pudiera parecerse al evangelio. Ni la historia, ni la humanidad, ni las edades ni la naturaleza me ofrecen algo con lo cual yo pueda compararlo o explicarlo. Aquí, cada cosa es extraordinaria. Mientras más pienso en el evangelio, más seguro estoy que no hay nada allí que no esté más allá de la marcha de los acontecimientos y por encima la mente humana... Se habla de Cesar o de Alejandro; de sus conquistas y del entusiasmo que avivaron en los corazones de sus soldados. Pero, ¿se puede concebir a un hombre muerto haciendo conquistas, con un ejército fiel y totalmente devoto a su recuerdo? Mis ejércitos se han olvidado de mí y estoy vivo, igual que el ejército cartaginés se olvidó a Aníbal. ¡Así es el poder!... Alejandro, Cesar, Carlomagno y yo mismo fundamos imperios. Pero, ¿sobre qué fundamentamos las creaciones de nuestros genios? Sobre la *fuerza*. Jesucristo solo fundó su imperio sobre el *amor*; y en este momento hay millones de hombres que morirían por él.[34]

Vincent Van Gogh, el gran pintor holandés de personalidad misteriosa, comentó que «Cristo... es más artista que los artistas; él trabaja en los espíritus vivos y en la carne viva, y hace *hombres* en lugar de estatuas».[35]

Lord Byron, el poeta romántico inglés de una generación anterior, lo expresó de una manera mucho más concisa: «Si alguna vez el hombre fue Dios o Dios fue hombre, Jesucristo fue ambos».[36]

Y H. G. Wells, el novelista clásico de ciencia ficción, escribió en 1935:

> Es interesante y significativo que un historiador, sin ningún tipo de prejuicio teológico haya llegado a la conclusión que no podría describir el progreso de la humanidad en forma honesta sin concederle el lugar principal al pobre maestro de Nazaret... [Uno] como yo, que ni siquiera me considero un cristiano, encuentra el cuadro centrado irresistiblemente alrededor de la vida y carácter de este hombre tan importante. El mundo comenzó a ser un mundo diferente desde el día en que se comenzó a predicar [su] doctrina.[37]

¿Por qué todo esto? Porque Jesús es la Palabra de Dios en carne. Él resucitó para cumplir esa Palabra viviente, y está vivo hoy.

El prolífico y elocuente novelista del siglo diecinueve, Charles Dickens escribió: «Sobre ti ahora imprimo solemnemente la verdad y belleza de la religión cristiana, como vino del propio Cristo».[38]

Daniel Webster, el estadista estadounidense, dijo: «Si pudiera comprender a Jesucristo, él no sería más grande que yo. Tal es mi sentido de pecado y mi conciencia de incapacidad para salvarme a mí mismo, que siento la necesidad de un Salvador sobrehumano».[39] Poco antes de morir en 1852, escribió: «Mi corazón siempre me ha asegurado y reasegurado que el Evangelio de Jesucristo debe ser una realidad divina. La historia total del ser humano así lo prueba».[40]

No habría Evangelio sin la certeza de la resurrección. Esto es lo que hace que el Evangelio sea Evangelio y la certeza de su esperanza.

El historiador estadounidense George Bancroft, secretario de Marina y fundador de la Academia Naval de Annapolis en los 1800s, dijo: «Encuentro el nombre de Jesucristo escrito al comienzo de cada página de la historia moderna».[41]

David Strauss, un teólogo alemán y uno de los oponentes más acérrimos de los elementos sobrenaturales de los Evangelios, —y cuyas obras quizás han hecho más para destruir la fe en Cristo que los escritos de cualquier otro hombre en los tiempos modernos—, confesó hacia el final de su vida que «este Cristo... es *histórico*, no mítico; es una persona, no un mero símbolo... Él sigue siendo el más alto modelo de religión hasta donde puede alcanzar nuestro pensamiento; y no es posible una piedad perfecta sin su presencia en el corazón».[42]

Philip Schaff, teólogo e historiador nacido en Suiza, que escribió en respuesta a Strauss, agregó lo siguiente:

> Este Jesús de Nazaret, sin dinero ni ejércitos, conquistó más millones que Alejandro, Cesar, Mahoma y Napoleón; sin ciencia ni estudios, proyectó más luz sobre lo humano y lo divino que todos los filósofos y eruditos juntos; sin la elocuencia de la academia, habló tales palabras de vida como nunca antes o después se han dicho, y produjo efectos que están más allá que cualquier otro orador o poeta; sin haber escrito una sola línea, ha puesto más plumas en acción y provisto temas para más sermones, oraciones, discusiones, volúmenes de estudio, obras de arte, y sublimes canciones de alabanza que todos los ejércitos de los más grandes hombres de los tiempos antiguos y modernos.[43]

Este hombre, Jesús, vivió entre nosotros, murió por manos pecadoras y se levantó de la tumba para darnos vida eterna.

Ernest Renan, historiador francés del siglo diecinueve y experto en civilizaciones antiguas, dijo: «Toda la historia sería incompresible sin [Cristo]. Cualquiera sea el fenómeno más inesperado del futuro, Jesús no será superado. Todas las edades proclamarán que, entre los hijos de los hombres, no hay nadie que haya nacido que sea más grande que Jesús».[44]

Sholem Asch, un escritor *yiddish* nacido en Polonia a principios del siglo veinte, escribió:

> Jesucristo es para mí la personalidad más destacada de todos los tiempos, toda la historia, tanto como Hijo de Dios como Hijo del Hombre. Todo lo que él dijo o hizo tiene valor para nosotros hoy, y eso es algo

que no se puede decir de ningún otro hombre, vivo o muerto. En esto no hay un término medio en el que puedas pasearte. Se acepta a Jesús o se le rechaza. Usted puede analizar a Mahoma y a... Buda, pero no trate de hacerlo con él.[45]

Asch también escribió esta inolvidable frase acerca de Jesús: «Él vino a ser la Luz del Mundo. ¿Por qué yo, un judío, no podría estar orgulloso de eso?».[46]

Cuando los fariseos le dijeron a Jesús que hiciera callar a sus seguidores porque lo estaban proclamando el Rey de gloria, les dijo: «Os digo que si estos callaran, las piedras clamarían» (Lucas 19.40). La arqueología es una aventura muy codiciada. Algunos entran en este campo y estudian las antigüedades para desmentir a la Biblia. Pero cuando arrodillados empiezan a hurgar debajo del polvo de la tierra, terminan confesando que Jesús es el Señor. Las rocas no dejan de proclamar que Jesús vive.

El arqueólogo William Albright, nacido en Chile de padres misioneros ha afirmado: «No cabe duda que la arqueología ha confirmado la sólida historicidad de la tradición del Antiguo Testamento».[47] El arqueólogo judío Nelson Glueck dijo: «Podría afirmarse en forma categórica que ningún descubrimiento arqueológico ha desmentido jamás una referencia bíblica. Montones de descubrimientos arqueológicos confirman en claros bocetos o detalles exactos afirmaciones históricas de la Biblia».[48]

¿Dónde se ubica usted entre estos hombres de historia cuando de Jesucristo se trata?

EL EFECTO JESÚS

Conforme las herramientas para la comunicación se volvieron más accesibles, se facilitó el proceso de documentar la historia, y el siglo veinte nos dio bibliotecas de información que mantendrán ocupadas a generaciones hasta que el mismo Jesús regrese, que confirma la abrumadora evidencia encontrada en la Biblia.

Kenneth Scott Latourette, ex presidente la American Historical Society, dijo:

Aun si no tuviéramos los cuatro relatos resumidos que conocemos como los Evangelios, podríamos disponer de una impresión fidedigna de él y de los aspectos sobresalientes de su vida, enseñanzas, muerte y resurrección a través de las referencias escritas por sus seguidores en cartas, durante el transcurso de una generación después de su muerte...

Esto es evidencia de su importancia, del efecto que [Jesús] ha tenido en la historia y, presumiblemente, del asombroso misterio de su persona. Ninguna otra vida que ha pasado por este planeta ha suscitado un volumen tan grande de literatura entre pueblos e idiomas, y lejos de disminuir, el flujo continúa aumentando... Algunas características se resaltan de una forma tan clara en los relatos... que son una garantía de autenticidad, así que obviamente provienen de la vida real y no han sido inventadas ni tampoco seriamente distorsionadas...[49]

Mahatma Gandhi, de India, dijo: «[Jesús] un hombre que fue completamente inocente, se ofreció a sí mismo como un sacrificio para el bien de otros, incluyendo a sus enemigos, y se convirtió en el rescate del mundo. Fue un acto perfecto».[50]

El erudito ortodoxo judío Pinchas Lapide dijo: «Acepto la resurrección de Semana Santa no como una invención de la comunidad de discípulos sino como un acontecimiento histórico».[51]

El doctor Charles Malik, ex presidente de la Asamblea General de las Naciones Unidas y alguien a quien tuve el privilegio de conocer, escribió *The Things I Believe* [Las cosas que creo], e incluía esta inolvidable oración sobre Jesús: «Sus palabras son maravillosas; sus hechos, incluyendo su resurrección, fueron maravillosos; pero él, en sí mismo, fue mucho más maravilloso... Él dijo lo que dijo e hizo lo que hizo solo porque él era quien dijo que era».[52] También se le atribuye al doctor Malik la siguiente cita: «Plenamente conscientes que el mundo se está haciendo trizas ante nuestros propios ojos es imposible no hacer una pregunta más pertinente que esta: "¿Cree usted en Cristo?"».[53]

Hasta el editor de la revista *Newsweek*, Kenneth Woodward, con quien he tenido el privilegio de hablar muchas veces, escribió al finalizar el siglo veinte y en el nacimiento del veintiuno:

Los historiadores no registran el nacimiento de Jesús. Ni, por treinta años, le prestaron mucha atención. Un judío de los campos de Galilea con una reputación de predicador y sanador, que se apareció a los treinta y tres años en Jerusalén, durante la Pascua. En tres días fue arrestado, juzgado y acusado de traición, luego ejecutado como el más vulgar de los criminales. Sus seguidores dijeron que Dios lo había resucitado de entre los muertos. Excepto entre los que creían en él, el hecho pasó casi inadvertido.

Dos mil años después, se miden los siglos a partir del nacimiento de Jesús de Nazaret. Al final del [1999], los calendarios de India y China, como los de Europa, América y el Medio Oriente van a registrar la llegada del tercer milenio... el nacimiento de Jesús... enumerando los días para cristianos y no cristianos por igual. Para los cristianos, Jesús es la bisagra sobre la que gira la puerta de la historia, el punto en el que la eternidad intersecta con el tiempo, el Salvador que redime el tiempo al atraer todas las cosas hacia él. Según se acerca el final del segundo milenio, cerca de un tercio de la población mundial afirma seguir a Cristo.[54]

Hace algunos años, me invitaron a tomar un café con Conrad Adenauer, antes de que concluyera su término como canciller de Alemania. Él me preguntó: «¿Qué es lo más importante del mundo?». Antes de que pudiera responder, él mismo dio la respuesta correcta al decir: «La resurrección de Jesucristo. Si Jesucristo está vivo entonces hay esperanza para el mundo. Si Jesucristo está en la tumba, entonces no veo el más mínimo destello de esperanza en el futuro».

El legendario actor Charlton Heston pronunció la famosa declaración: «Se ha derramado más tinta —y sangre— sobre este hombre desde que lo clavaron en la cruz que sobre cualquier otro ser humano en la historia».[55]

Incluso hoy día, en el siglo veintiuno, multitudes aclaman la recién descubierta pintura de Leonardo da Vinci del siglo quince titulada: *Salvador del mundo*. La obra de arte había estado perdida por quinientos años, oculta bajo capas de pintura, y fue cuidadosamente restaurada antes de ponerse en exhibición pública en Londres en 2001. Cuando se preguntó: «¿Cómo podemos estar seguros que ese cuadro es de da Vinci?», la respuesta fue porque los expertos de arte así lo afirman.[56]

¿Cuestionan los grandes coros y sinfonías al brillante compositor cuando interpretan *El Mesías*, de George Frederick Handel? Por más de 270 años, audiencias de todo el mundo han escuchado esta magnífica composición. El texto de esta obra fue tomado de la Biblia por Charles Jennens, amigo personal de Handel. Jennens escogió 1 Timoteo 3.16 para el epígrafe de *El Mesías*: «Dios fue manifestado en carne, justificado en el Espíritu, visto de los ángeles, predicado a los gentiles, creído en el mundo, recibido arriba en gloria».[57] Cuando el oratorio se interpretó por primera vez en 1742 un miembro de la audiencia expresó gratitud a Handel por «producir tan maravillosa obra de "entretenimiento"». A lo que Handel replicó: «¡Entretenimiento! Mi propósito no era entretener, sino enseñarles algo».[58] Y por siglos, el mensaje de Handel ha resonado en corazones, proclamando que Jesús es el Señor que murió y resucitó. Un espectacular soprano en la obra maestra *El Mesías* combina Job 19 con 1 Corintios 15 para proclamar:

Yo sé que mi Redentor vive...
Porque ahora Cristo ha resucitado de los muertos.[59]

Elvis Presley, quien murió en 1977, todavía es considerado uno de los cantantes más exitosos de Estados Unidos. Presley llenaba estadios alrededor del mundo usando presentaciones multimedia. Recuerdo haber visto un videoclip de un concierto donde alguien le pasó una corona. Elvis interrumpió el canto y dijo: «Yo no soy el Rey. Hay solo un Rey, y ese es Jesucristo». También recuerdo haber oído a Cliff Richard, ícono popular inglés famoso internacionalmente, quien hizo una película para nosotros hace algunos años diciendo que: «Nadie puede seguir a Cristo y extraviarse».

EL BRINCO DE FE A LA VIDA ETERNA

En octubre de 1929, el *Saturday Evening Post* publicó una histórica entrevista con el gran físico y matemático Alberto Einstein. Sus respuestas a las preguntas sobre Jesús como figura histórica me parecieron simplemente impresionantes. Él respondió: «Soy judío pero estoy fascinado por la figura luminosa del Nazareno... Nadie puede leer los Evangelios sin sentir la presencia de Jesús. Su personalidad palpita en cada palabra. No hay mito posible en una vida como esa».[60]

Aunque nadie sabe si Einstein alguna vez aceptó a Jesús como el Señor de su vida, ya próximo a morir, dijo esto:

> Si se me piden que pruebe lo que yo creo, no puedo hacerlo... La mente solo puede ir hasta lo que conoce y puede probar. Llega un punto en el que la da un brinco... y puede llegar a un plano más alto de conocimiento, pero no puede probar cómo llegó allí. Todos los grandes descubrimientos han contado con este brinco.[61]

Este, mi amigo, quizás es el momento para que alcance su plano más alto, apoyándose en algo más que los testimonios de otros y haciéndolo solo por fe en Dios, según lo que Él dijo de sí mismo. «De cierto, de cierto os digo: Antes que Abraham fuese, yo soy» (Juan 8.58). Este brinco de fe se da cuando usted pronuncia el nombre de Jesús con una verdad sincera, seguro de que está destinado al infierno sin su gracia perdonadora y su misericordia. Pídale que mire dentro de su árido corazón y su alma hambrienta, y le llene con fe para creer que Él lo cambiará. No importa todo el conocimiento que usted tenga, no importa cuántas pruebas pueda acumular, nunca conocerá al Señor Jesucristo sin dar ese brinco de fe de que la salvación viene solo de Él. «Es, pues, la fe, la certeza de lo que se espera, la convicción de lo que no se ve. Porque por ella alcanzaron buen testimonio los antiguos» (Hebreos 11.1–2).

La pregunta se mantiene en pie: ¿qué ha decidido usted con respecto a Cristo? En esto no existe la neutralidad. Peter Larson escribió: «A pesar de nuestros esfuerzos por mantenerlo afuera, Dios se inmiscuye. La vida de Jesús está entre dos paréntesis, entre dos imposibilidades: el vientre de una virgen y una tumba vacía».[62]

Hoy día, hay muchas personas entre nosotros que reconocen a Jesús como una figura histórica. Hay quienes incluso dicen seguirlo, pero sus vidas no reflejan cambios de pensamiento ni de conducta, ni dejan ver si el Espíritu Santo reina dentro de ellos, capacitándolos para que tengan pensamientos piadosos y se comporten en una manera que honre al

Señor. La Biblia dice: «Si decimos que tenemos comunión con él, y andamos en tinieblas, mentimos, y no practicamos la verdad» (1 Juan 1.6).

Alguien escribió:

Buda nunca pretendió ser Dios. Moisés nunca pretendió ser Jehová. Mahoma nunca pretendió ser Alá. Pero Jesús dijo ser el Dios vivo y verdadero. Buda simplemente dijo: «Yo soy un maestro en busca de la verdad». Jesús dijo: «Yo soy la Verdad». Confucio dijo: «Nunca he pretendido ser santo». Jesús dijo: «¿Quién me redarguye de pecado?». Mahoma dijo: «A menos que Dios eche su manto sobre mí, no tengo esperanza». Jesús dijo: «A menos que creas en mí, morirás en tus pecados».[63]

Hace muchos años atrás, visité un monasterio en India. Vi algunas viejas reliquias que habían sido desenterradas y ahora eran reverenciadas por los budistas de aquella región. Los musulmanes apuntan orgullosos a la Meca, donde el cuerpo de su profeta, Mahoma, está enterrado. Seguidores de Confucio ofrecen reverencia a los restos de su maestro, que está enterrado en una tumba imponente en Shandong, en la República Popular China. Pero lo que distingue al cristianismo de todas las demás religiones es el hecho que Jesús vive y reina como el único Salvador del mundo.

¿Qué tienen en común Sócrates, Bach y Shakespeare? Son recordados como grandes hombres, pero todos están muertos y enterrados y, por ende, no pueden hacer nada por usted. Vaya a las grandes catedrales cuyas espirales apuntan al cielo y verá pinturas y esculturas en memoria de hombres robustos que siguen siendo reverenciados, y delicadas mujeres que llevan compasión a los más desposeídos. Pero todos yacen silenciosos en muerte; ellos no pueden hacer nada por usted.

¿Pero dónde está Jesús? Tristemente y con demasiada frecuencia, muchos artistas lo han descrito como débil, frágil y muerto, todavía colgando de la cruz. Esto no es la verdad; porque Aquel a quien se describe clavado en una cruz, sin vida y quebrantado está en realidad, lleno del aliento de vida, lleno de gloria. Él bebió la copa de pecado por todos al verter su sangre de vida para poder llenarnos con el don de la vida eterna por medio de su resurrección.

Fíjese en los demás y comprobará que no son diferentes a usted y a mí. No necesitamos una religión; necesitamos un Salvador. El cristianismo es la fe en la tumba vacía, una religión centrada no en un líder muerto, sino en un Dios que está vivo.

La prueba viene por la fe

Si bien es cierto que nos cautiva el leer lo que otros dicen sobre Jesús, la fe sigue siendo la clave para creer en Cristo, el que salva el alma de los pecadores.

Mientras meditaba en las pruebas infalibles de la Biblia sobre la vida, muerte y resurrección de esta vida solitaria, se me ocurrió que hay una gran cantidad de evidencias convincentes —evidencias que serían aceptadas en cualquier corte— que validarían la resurrección de Cristo. Pero hay muchos que siguen teniendo serias dudas. No estoy presumiendo cuando digo que no tengo dudas. He experimentado al Cristo vivo en mi corazón. Sin embargo, para algunos de ustedes que quizás sean escépticos, hay muchas otras razones por las que estoy seguro que Cristo resucitó de entre los muertos.

El nacimiento de Cristo no fue un nacimiento ordinario. Estuvo acompañado por voces de ángeles y maravillas celestiales. Su vida no fue una vida ordinaria porque estuvo marcada por muchas señales y milagros. Hemos visto que su muerte no fue una muerte ordinaria, porque se distinguió por una compasión inusual, perturbaciones geológicas e irregularidades solares. Una vida así no podía ser contenida por mucho tiempo en una tumba, a pesar de que había sido sellada en una prisión de piedra.

Sí, el Antiguo Testamento predijo que Cristo resucitaría. Cada acontecimiento importante en la vida de Jesús fue descrito muchos siglos antes que Él viniera en carne, y cuando Jesús vino, cumplió cada profecía.

«El Señor mismo os dará señal: He aquí que la virgen concebirá y dará a luz un hijo, y llamará su nombre Emanuel» (Isaías 7.14).

La Biblia también dice:

Habiendo él llevado el pecado de muchos, y orado por los transgresores.

(Isaías 53.12)

El Señor... ofreció su vida en expiación...

Después de su sufrimiento,

verá la luz y quedará satisfecho.

(Isaías 53.10–11, nvi)

También hemos visto que durante su ministerio Cristo enseñó que moriría y que resucitaría (Mateo 20.18–19). Este Cristo bendito, que nunca se desvió de la verdad, es sin duda digno de confianza, y sus propias palabras encierran algunas de las evidencias de su resurrección más confiables y convincentes.

Jesús conectó su propia resurrección con nuestra vida imperecedera cuando dijo: «Yo soy la resurrección y la vida; el que cree en mí, aunque esté muerto, vivirá. Y todo aquel que vive y cree en mí. No morirá eternamente» (Juan 11.25–26).

¿Acepta usted estas palabras de Jesús? Yo sí las acepto. Ni siquiera sus más acérrimos enemigos pudieron jamás sorprenderlo en una mentira. En Él, quien en sí mismo es la verdad, se puede confiar implícitamente. Él dijo que estaría en la tumba tres días. Y así fue. Él dijo que saldría de la tumba. Y así lo hizo. Él dijo que los que creen en Él tendrían esperanza de vida eterna. Y la tienen. Él dijo: «[Yo soy] el que vivo, y estuve muerto; mas he aquí que vivo por los siglos de los siglos» (Apocalipsis 1.18). Y algún día, nosotros también moriremos y seremos resucitados. Esta es la gran esperanza y certeza para quienes siguen a Jesús.

Tenemos testimonios documentados de aquellos que fueron testigos presenciales de su resurrección. Ángeles, sus discípulos, los soldados romanos y una miríada de testigos que gritaban: «¡Ha resucitado! ¡No hay duda que es el Hijo de Dios!».

El ángel dijo a los que habían llegado para pagar tributo a la muerte: «¿Por qué buscáis entre los muertos al que vive? No está aquí; sino que ha resucitado. Acordaos de lo que os habló cuando aun estaba en Galilea» (Lucas 24.5–6). María Magdalena, mujer pecadora salvada por gracia, corrió anhelante hacia donde estaban los discípulos desanimados llevando la buena noticia: «¡He visto al Señor!» (Juan 20.18).

Pedro, el que siempre hablaba primero, dijo: «Nosotros somos testigos de todo lo que hizo en la tierra de los judíos y en Jerusalén. Lo mataron, colgándolo de un madero, pero Dios lo resucitó al tercer día y dispuso que se apareciera... a nosotros... que comimos y bebimos con él después de su resurrección» (Hechos 10.39–41, NVI).

Pedro también escribió:

No estábamos siguiendo sutiles cuentos supersticiosos sino dando testimonio de su grandeza, que vimos con nuestros propios ojos. Él recibió honor y gloria de parte de Dios el Padre, cuando desde la majestuosa gloria se le dirigió aquella voz que dijo: «Éste es mi Hijo amado; estoy muy complacido con él». Nosotros mismos oímos esa voz que vino del cielo cuando estábamos con él en el monte santo. (2 Pedro 1.16–18, NVI)

La Biblia dice que el apóstol Pablo «entró en la sinagoga y tres sábados seguidos discutió con ellos. Basándose en las Escrituras, les explicaba y demostraba que era necesario que el Mesías padeciera y resucitara. Les decía: "Este Jesús que les anuncio es el Mesías"» (Hechos 17.2–3).

Cuando usted busca a Jesús no lo va a encontrar en la cruz ni lo va a encontrar en la tumba —la cruz está desierta, la tumba está vacía. Sin embargo, su corazón vacío puede ser lleno con el perdón de la cruz ensangrentada y la gloria de la tumba vacía. Él vive y habita en todos los que creen y le obedecen siguiendo su Palabra. Nosotros vivimos y morimos, pero mientras tanto, a todos se nos da la misma posibilidad de elegir. ¿Qué haremos con Jesús, el Cristo resucitado?

Aun sin estas pruebas, yo sé que Cristo vive porque Él vive en mí. Hablo con Él cada mañana cuando despierto. Él camina conmigo, y aun al escribir estas palabras. Su presencia es abrumadoramente evidente. «Porque no me avergüenzo del evangelio, porque es poder de Dios para salvación a todo aquel que cree» (Romanos 1.16).

¿Está usted buscando a Jesús? Él está cerca de usted hoy. Mire a la cruz y verá la evidencia: su sangre derramada por usted. ¡Está vacía porque Él vive! La Biblia dice: «Mirad a mí, y sed salvos... porque yo soy Dios, y no hay más» (Isaías 45.22). Busque a Jesús. Él está tocando a la puerta de su corazón.

Escuche la promesa de Dios: «Y si el Espíritu de aquel que levantó de los muertos a Jesús mora en vosotros, el que levantó de los muertos a

Jesús vivificará también vuestros cuerpos mortales por su Espíritu que mora en vosotros» (Romanos 8.11). La evidencia está delante de usted. Examínela y luego examine su corazón. Quite la piedra de su incredulidad y contemple el resplandor de una tumba vacía y la emoción de un corazón pleno y una vida nueva.

La piedra que cubría la tumba de Jesús no fue quitada para que Jesús pudiera salir, sino para que los testigos oculares pudieran decir: «¡Él ha resucitado!».

James Hastings, un ministro escocés y erudito bíblico de principios del siglo veinte, contó una intrigante historia acerca de un artista alemán de nombre Sternberg. Mientras una jovencita gitana posaba para un retrato en su estudio, se fijó que colgado en la pared había un cuadro de Jesús en la cruz a medio terminar. La joven le preguntó quién era el hombre que estaba en la cruz. Cuando se le dijo que era Jesús, ella respondió que debió haber sido muy malo para que lo clavaran en una cruz. El pintor le dijo que, al contrario: «Jesús había sido el mejor hombre que jamás había vivido y que Él murió en la cruz para que otros pudieran vivir». La joven, mirándolo, le preguntó con toda su inocencia: «¿Murió él por usted?». La pregunta atormentó la conciencia de Sternberg día y noche porque aunque conocía la verdad acerca de Jesús, no lo había aceptado como su Salvador. Se dio cuenta de que no encontraría satisfacción en la vida mientras no respondiera a la pregunta que usted también debe contestar: «¿Murió Él también por usted?».[64] Si es así, entonces usted debe morir a su yo y encontrar una vida nueva en el Salvador resucitado.

¿Ha recibido al Cristo vivo? No le estoy preguntando si ha recibido al Cristo que pende colgado de una cruz. Reciba a Cristo en su vida —al Cristo resucitado, el que camina junto a todos los que Él ha transformado por su gracia. Este Cristo vive y un día volverá a la tierra.
¿Está usted buscándolo? ¿Ha cambiado su vida?

Por su gran misericordia, nos ha hecho nacer de nuevo mediante la resurrección de Jesucristo... mediante la fe hasta que llegue la salvación que se ha de revelar en los últimos tiempos.

(1 Pedro 1.3–5, NVI)

CAPÍTULO SEIS

DEFINICIÓN DE CRISTIANISMO
EN UN MUNDO DE DISEÑADOR

No somos de la noche ni de la oscuridad. Nosotros que
somos del día... estemos siempre en fe y amor, y en la
esperanza de salvación

—1 TESALONICENSES 5.5, 8, NVI

¿CREE USTED QUE VIVE EN un mundo donde todo le pertenece? Hoy día, la sociedad refleja el anhelo cultural por un mundo de diseñador; un mundo hecho a la medida de cada capricho. Queremos que las cosas marchen a nuestra manera, según el tiempo que nos conviene y al ritmo que nosotros escogemos. Queremos ropa de diseñador, tecnología de diseñador, hogares y coches de diseñador, e incluso una religión de diseñador. Queremos simplemente pertenecer a algo, o pertenecer a nuestra propia manera. Por esta razón muchos buscan unirse a los clubes, pandillas y hasta a las iglesias *correctas*.

Hace un tiempo, hablé en la Universidad de Harvard y mientras visitaba al presidente, le pregunté: «¿Qué cree usted que los jóvenes de hoy día anhelan más?».

Sin pensarlo dos veces respondió: «Quieren pertenecer».

Qué coincidencia que Facebook, un fenómeno del siglo veintiuno, haya sido concebido y nacido en Harvard. Esta red de comunicación social apunta a la más profunda necesidad humana: pertenecer. En octubre de 2012, *Forbes* reportó que había llegado a mil millones de usuarios, uno de cada siete habitantes del planeta Tierra.[1] Un bloguero afirmó que la obsesión de la gente con Facebook yace en la «urgencia humana innata por aceptación social» que es «tan antigua como la historia humana».[2]

La característica más popular es que permite al individuo incluir o excluir amigos, crear competencias de popularidad haciéndose amigo o dejando de ser amigo de gente que ni siquiera conocemos. Facebook también da a los miembros derechos para alardear sobre la cantidad de amigos que cada cual tiene, y lo más terrible es cuando un miembro de Facebook tiene «cero amigos».

Reuter reportó que una joven pareja fue asesinada en su casa por alguien a quien habían eliminado como amigo. Aparentemente, el asesino no pudo soportar el estigma de no pertenecer.[3]

Los medios sociales se han transformado en algo así como una cartelera personal, donde se pueden exponer los más íntimos pensamientos en un mural del ciberespacio. Muchos de los mensajes centellean con frustración como los letreros de neón. Una mujer escribió en su blog:

Yo anhelaba pertenecer...

Así es que me embarqué en un viaje que implicaba serias exploraciones del alma...

Cuando pertenecemos a una familia, practicamos su estilo de vida. Cuando pertenecemos a una cultura, acatamos sus normas. Cuando pertenecemos a una religión, seguimos su llamado. Cuando pertenecemos a una organización, cumplimos con sus protocolos. Tratamos de ajustarnos, integrarnos.[4]

En otra nota dijo:

Me di cuenta de que la única vida a la que pertenecía era a la *mía*...

Así es que me propuse crearla por mí misma...

Mi vida está hecha a mi perfecta medida. Y me siento perfectamente cómoda en ella.[5]

Si esta mujer es sincera, uno de estos días va a escribir en su blog lo que el rey Salomón dijo en el antiguo libro de absurdos y sabiduría:

No le negué a mis ojos ningún deseo; ni a mi corazón privé de placer alguno, sino que disfrutó de todos mis afanes. ¡Sólo eso saqué de tanto afanarme!

Consideré luego todas mis obras y el trabajo que me había costado realizarlas, y vi que todo era absurdo, un correr tras el viento, y que ningún provecho se saca en esta vida.

(ECLESIASTÉS 2.10–11, NVI)

La humanidad siempre ha estado en una búsqueda de verdad y aceptación; no obstante, ni hombres ni mujeres están dispuestos a aceptar al Único que es la verdad. Su nombre es Dios Todopoderoso, Consejero admirable, Príncipe de Paz. Jesús está dispuesto a aceptar a todo el que viene a Él en verdad, pero el mundo no desea pertenecer a Él.

USA Today publicó recientemente una historia sobre los adultos jóvenes y sus cambios de actitud hacia la fe: «Los adultos jóvenes parecen no tener mayor interés... en la doctrina "correcta"... Su Dios es un Dios grande, desligado de las Escrituras... El clero está viendo menos interés en creer y más interés en pertenecer».[6]

Un constante descenso en «la popularidad del cristianismo tradicional... en Inglaterra» ha impulsado a las agencias de publicidad a sugerir «que la Iglesia de Inglaterra trate de promoverse como un lugar de moda, donde puede conocerse a nuevas personas».[7] Pero el jefe del grupo de asesores teológicos le dijo a la British Broadcasting Corporation (BBC) que «las campañas publicitarias estaban promoviendo "una religión de diseñador", transformando la adoración en otro producto de consumo... "poniendo a la Iglesia en el estante junto a los nuevos cosméticos o al salón de exhibición de automóviles como algo más que se puede comprar"».[8]

Una noticia similar que publicó en Estados Unidos —«Más estadounidenses hacen ajustes a la religión para que les acomode a la medida»— afirma: «Las personas que van creando a Dios según van marchando por la vida, están a mano con los que se llaman creyentes, que reclaman llevar la etiqueta de cristianos, pero que se despojan de sus vínculos con las creencias y prácticas tradicionales».[9]

Un experto en investigación presentó sus hallazgos: «La gente dice: "creo en Dios. Y creo que la Biblia es un buen libro. Después de eso, creo en lo que yo quiero"».[10] En el caso de Estados Unidos, nuestro país se está moviendo en la dirección de «310 millones de personas con 310 millones de religiones».[11] Profesar fe en Cristo es claramente distinto que *pertenecer* a Cristo, que es la fuente de fe.

«Lo que sea» se ha convertido en un mantra para muchos, una perspectiva de moda a una religión de pertenencia a uno mismo. En enero de 2012, *Asheville Citizen-Times* publicó un artículo titulado: «Dios, religión, ateísmo: "¿Y qué?"». En la historia, un joven se había inscrito en un sitio web para citas y respondía a la pregunta sobre la religión llamándose «espiritualmente apático». Otros, simplemente «hicieron caso omiso de Dios, la religión, el cielo o la costumbre nunca-pasada-de-moda de buscar sentido y pertenecer. Su actitud podría resumirse como "¿Y qué?"... En lugar de ser seguidores de Jesús, son seguidores de cinco mil "amigos" invisibles en Facebook o Twitter».[12]

Una mujer trató varias denominaciones protestantes y finalmente decidió establecer su propia religión —una mezcla de Baha'i y prácticas de sanidad tradicionales de los indios nativos americanos— mientras seguía considerándose cristiana. Ella dijo: «Apoyo a la gente que hace el bien, no importa dónde estén».[13]

Después que la revista judía *Moment* publicara en un titular la pregunta: «¿Puede haber un judaísmo sin Dios?», la editora Nadine Epstein informó que «la mayoría dijo que sí. Es increíblemente emocionante».[14]

El prominente sociólogo Robert Bellah ha escrito acerca de una mujer llamada Sheila que lleva el «Y qué» a un nivel completamente nuevo. «No recuerdo cuándo fue la última vez que fui a la iglesia», dice ella. «Mi fe me ha llevado por un largo camino: el sheilaismo. Solo mi propia vocecita... Es solo tratar de amarte a ti misma y de ser gentil contigo misma».[15]

Bellah agrega que Sheila no está sola: «Solo porque la gente se presente en la iglesia no siempre quiere decir que tengan una convicción personal profunda ni un compromiso».[16]

En cambio, la religión de diseñador se está convirtiendo en lo que se conoce como la «tendencia una-persona-una-religión».[17] Un psicólogo de Harvard dijo una vez: «Nos estamos convirtiendo en una nación de personas no comprometidas»,[18] y esto nos da una idea de por qué hay un espíritu de desesperanza en el mundo.

UNA FE DE MODA

A principios de 2012, Microsoft anunció que su Windows Design Team estaba trabajando en «Cómo rediseñar una religión».[19] Las agencias de publicidad están expandiendo su capacidad de anuncios a través de servicios de consultoría sobre cómo comercializar la religión. Y muchas iglesias, de todas las creencias, están contratando agencias para sondear sus vecindarios preguntando qué clase de iglesia preferirían; a partir de ahí, las iglesias locales se diseñan para satisfacer los deseos de la gente. La verdadera fe en Dios que demanda abnegación está siendo reemplazada por una moderna religión que sirve al egoísmo.

Facebook ayuda a conectar a sus usuarios a un sitio conocido la «Religión del Individualismo», donde las personas pueden crear un estilo de creencias a su gusto, para que se ajuste y justifique la manera en la que quieren vivir.[20] El comediante británico Stephen Harvey apuntó a esta tendencia en una película corta llamada «Cómo comenzar una religión».[21]

Una religión diseñada para reflejar el deseo personal de alguien es lo opuesto a tener una relación personal con Dios, quien siembra Sus anhelos en el corazón de Sus seguidores. Kristin Chenoweth —ganadora del Premio Tony por la obra *Wicked* de Broadway— dijo: «Soy actriz y cantante, y también soy cristiana... Yo solo quiero ser como Jesús, quiero perdonar y amar, sin crítica. Quiero aceptar a todo el mundo, aunque no estemos de acuerdo».[22]

El Evangelio de Jesús ha sido diluido hasta transformarlo en un mito, provocando que jóvenes y adultos duden de la autoridad de las Escrituras. ¿A qué se debe esto? ¿Qué está pasando? Se ve a Dios como menos que el Dios de la Biblia. La sociedad está haciendo un excelente trabajo convenciendo al mundo que Jesús no tiene poder para juzgar el pecado. Hay quienes creen que seguir su ejemplo de hacer el bien a otros es lo que nos capacita para ser buenos.

Nuestro mundo no objeta este tipo de cristianismo... contento de tener solo a un Cristo social que provee lo que queremos para nosotros. Y están aquellos que conservan a un Cristo muriendo, sangrando e incapacitado... un Cristo incapaz de contrarrestar la falsedad de sus ideologías.

Lo que el mundo sí rechaza es a un Cristo vivo, a un Cristo resucitado que es omnisciente y todopoderoso. La gente, por lo general, no quiere cumplir con las condiciones morales que Jesucristo demanda. Así que tratamos de racionalizar la plenitud de Cristo, que incluye su resurrección y su exigencia de que aquellos que le siguen vivan en obediencia a su Palabra.

Una joven habló representando a su generación: «Vivimos en un mundo cruel, así que solo asistimos a las iglesias que nos hacen sentir bien con nosotros mismos».

«Conocerme a mí mismo», alardeó un joven, «eso es espiritualismo puro».

Estas actitudes de auto adoración no son nada nuevas. Quizás alguien le diga que esta forma de religión es toda una revolución, pero la Biblia dice: «¡Ay de los sabios en sus propios ojos, y de los que son prudentes delante de sí mismos!» (Isaías 5.21). La sociedad puede considerarse muy ingeniosa al inventar nuevas formas y nuevas cosas para adorar, pero la Biblia nos dice que «nada hay nuevo debajo del sol» (Eclesiastés 1.9).

Jesús dijo que viviríamos en una sociedad permisiva justo antes de que Él volviera. Y el mundo parece estar en una orgía inmoral como no se había visto desde los días de la antigua Roma. Vivimos en una sociedad hedonista, y lo que estamos viendo es una naturaleza humana expresándose a sí misma, sin Dios.

La gente está contratando a «entrenadores para la vida» que les ayuden a «conectarse con ellas mismas». Un sitio web muy popular que ofrece este tipo de servicio reclama tener un gran éxito conectando a sus clientes espiritualmente; sin embargo, no presenta ninguna señal de autoridad bíblica, solo una experiencia personal extraída de la idea que si usted «hace bien a otros y a usted mismo», descubrirá la satisfacción personal. La Biblia advierte contra esta manera de pensar: «Se han infiltrado entre ustedes ciertos individuos que desde hace mucho tiempo han estado señalados para condenación. Son impíos que cambian en libertinaje la gracia de nuestro Dios y niegan a Jesucristo, nuestro único Soberano y Señor» (Judas 4, NVI).

En la religión de diseñador, la conciencia social ha reemplazado la vida llena del Espíritu. La verdad es que las personas prefieren invertir su energía en «trabajar para Dios», en lugar de «creer en Dios y obedecerle» activamente. Y hay una diferencia. El estar siempre atareado es la cancha de juego del diablo. Si no creemos en Él y no le damos la prioridad en nuestras vidas, trabajar para Él es un ejercicio inútil, porque Jesús dijo: «Sin mí, nada podéis hacer» (Juan 15.5).

Lo que algunos creen que es una idea nueva, es tan antigua como la Biblia misma. Jeroboam, el rey del norte de Israel, construyó templos en lugares altos para que la gente adorara sus muchos dioses, «y esto incitó al pueblo a pecar; muchos incluso iban hasta Dan para adorar al becerro que estaba allí» (1 Reyes 2.30, NVI). En otras palabras, el pueblo continuó adorando a Dios y también adoraba a los becerros de oro que el rey había puesto, una práctica claramente prohibida por el primer mandamiento de no tener otros dioses, sino el único verdadero Dios.

FE MEZCLADA

Esto es lo que está ocurriendo en el siglo veintiuno: se están mezclando pretensiones de fe en Dios mientras se adora a otros dioses.

Se le ha cambiado el nombre a la religión por espiritualismo para que abarque *cualquier cosa* en lo que gente quiera invertir sus energías, siempre y cuando esté envuelto en la tolerancia.

Vemos pegatinas con la palabra *Coexist* en los parachoques de los automóviles, colgando en las ventanas de tiendas y adheridas en las frentes de artistas de rock. El movimiento Coexist forma su nombre con los símbolos del islam, paz, género, judaísmo, wicca/paganismo/baha'i, taoísmo/confucionismo y cristianismo. Se considera una historia diseñada para la tolerancia religiosa.[23] Existe también un movimiento llamado «Christlam», que mezcla el cristianismo con islam y postula que las diferencias deben ser ignoradas en favor de un espíritu de unidad.[24]

La actriz Sharon Stone, nominada a un Premio Oscar y ganadora de un Golden Globe, se considera budista; sin embargo, afirma «una creencia perdurable en un Dios tradicional».[25]

Un redactor de noticias escribió lo siguiente:

Hoy día, los cristianos que están de onda conservan su fe, pero quieren parecerse —no oponerse— a los reformistas seculares de la contracultura. Su misión es rediseñar el cristianismo para que, si bien no quede completamente anulado de su nombre original, al menos esté aliado y se le identifique con las cosas a las que previamente se oponía...

Como resultado de esta mezcla intencional del cristianismo y lo secular... nadie puede descifrar fácilmente la [diferencia].[26]

La revista *Newsweek* informó en 2009 que «una cantidad creciente de personas sin afiliación religiosa... es más propensa a llamarse a sí mismos "espirituales" en lugar de "religiosos"».[27] En los años que han pasado desde que se publicó este artículo, la tendencia continúa.

PERTENECER A UN MUNDO DE DISEÑADOR

En la primera década del siglo veintiuno, la BBC transmitió una serie televisada titulada *Belonging* [Pertenecer], que trataba de una familia que enfrentaba pruebas y tribulaciones en el ambiente cambiante de su pueblo al sur de Gales, mientras luchaban por pertenecer a una sociedad alternativa.[28]

James Caan —actor de Hollywood— señaló acertadamente que «hoy día, el sentido de pertenencia es muy importante».[29] Sin embargo, vivimos en un mundo cibernético en el que muchas personas se sienten más cómodas mirando un rostro electrónico en un aparato en vez de mirar los ojos de seres humanos, y mucho menos «los ojos del Señor [que] contemplan toda la tierra» (2 Crónicas 16.9).

La palabra *pertenencia* es un término que cuenta con mucha simpatía en nuestra sociedad de diseñador. Una autodenominada filósofa de la cultura pop escribe:

Todos anhelamos volver a casa, en algún sitio donde jamás hemos estado... En alguna parte, un círculo de manos se abrirá para recibirnos, ojos brillarán al vernos entrar, voces celebrarán con nosotros cuando nos percatemos de nuestro propio poder. Comunidad significa... brazos que nos sostienen cuando fallamos... Un círculo de sanidad. Un círculo de amigos. Algún lugar donde podemos ser libres.[30]

Este es el cielo para ella, pero le preguntaría: «Si ella pone su confianza en su propio poder, ¿para qué entonces necesita los brazos que la sostengan cuando falle?». No puede identificar ese «algún lugar» porque cuando la gente opera según su propia fuente débil y sin poder, solo pueden llegar a un lugar: la derrota.

Ella está buscando a Dios pero en todos los lugares equivocados. Al igual que ella, muchos otros están angustiados y se niegan a someterse al Dios que los creó; prefieren cambiar los estándares de Dios por estilos de vida alternativos que no han sido establecidos por Dios, quien es la fuente pura de vida.

La primera institución que Dios le dio a la humanidad está también bajo ataque, al ya reconocerse el matrimonio entre personas del mismo sexo. Las familias fracturadas van en aumento y crecen los hijos con un solo padre. Hoy día es perfectamente aceptable que un hombre y una mujer vivan juntos, sin haberse casado, mientras que los demás se hacen de la vista gorda. Los padres de esas parejas justifican su conducta con suspiros de alivio afirmando que «al menos son un hombre y una mujer viviendo juntos» (y no en una relación homosexual).

En el otoño de 2012, CNN Headline News presentó la historia de una mujer que se casó con ella misma, recitando el voto: «Con este anillo *yo me caso conmigo*», dándose un nuevo nombre: «Sola». Luego comentó sobre sus votos de auto compromiso en su auto matrimonio y que le proveería su auto felicidad.[31] Y esta no es una historia aislada. En mayo, otra mujer intercambió anillos con su novio interior, prometiendo: «Yo, Nadine, prometo disfrutar viviendo mi propia vida, deleitándome en una historia de amor eterna con mi precioso yo».[32] Cuando Anderson Cooper, reportero de CNN, le preguntó por qué lo había hecho, ella dijo: «Porque descubrí cuál es el amor que necesito, está aquí [y señaló su corazón]». Un hombre, después de haber estado casado con él mismo por varios años, se divorció de sí mismo, argumentando diferencias irreconciliables y dijo que buscaría la felicidad en alguna otra parte y un lugar al cual pertenecer.[33]

En las elecciones preliminares de 2011, Carolina del Norte, mi estado natal, incluyó en la boleta una enmienda para definir el matrimonio. Jamás pensé que tendríamos que debatir sobre la definición del matrimonio, algo que Dios claramente ordenó como una unión sagrada entre un hombre y una mujer. Casi todas las cadenas de televisión más reconocidas han incluido en sus horarios preferenciales programas que promueven la homosexualidad. Libros como *My Two Moms* [Mis dos madres] resaltan el hecho de que la crianza por padres del mismo sexo se está convirtiendo en una norma aceptada.[34]

En el verano de 2011, Dan Cathy —director ejecutivo de Chick-fil-A— fue atacado por la prensa y por el público por atreverse a responder una pregunta apoyando la definición de Dios del matrimonio.[35] Por años, he compartido con el padre de Dan, Truett Cathy —fundador de la popular cadena de restaurantes—, y quedé pasmado al pensar que un movimiento pudiera alzarse en contra de esta familia cristiana por expresar valientemente sus valores morales, mientras que los medios populares aplauden la inmoralidad, parodian los valores familiares y celebran el divorcio en programas de televisión como «Happily Divorced».

En Holanda acaba de abrir un nuevo negocio, el Heartbreak Hotel [Hotel de quebrantamiento de corazón], pero no es realmente un hotel. Es un paquete de mercadeo hecho a la medida de parejas que quieren divorciarse. La compañía, discretamente los acomoda en uno de sus hoteles. Se registran el viernes por la noche como una pareja de casados, se reúnen con consejeros y abogados, firman documentos durante el fin de semana y salen el domingo por la mañana como dos personas solteras.[36]

En el momento en que estoy escribiendo este capítulo, las cadenas noticiosas están informando de la sobrecogedora realidad del generocidio, una forma de aborto que aplica un estándar de exterminación sistemática a un género particular, por lo general, las niñas. La preferencia tradicional por los varones en muchas culturas se ha combinado con la tendencia de tener familias pequeñas y la posibilidad de determinar el sexo de un bebé mientras todavía está en el vientre. Esta práctica ha llevado a un serio desbalance entre sexos en China y el norte de India.[37] En la primavera de 2012 este procedimiento fue objeto de debate en el Congreso de Estados Unidos, con un contundente apoyo para permitir a los padres robar a estos inocentes el derecho a la vida porque parecen ser del género equivocado.[38]

Hemos desechado a Dios, y lo que ha quedado es una manera de pensar desequilibrada —conciencias insensibilizadas ante lo correcto y lo errado, y decisiones morales que se toman según lo que «se ajusta» a nuestras preferencias individuales.

Occupy Wall Street [Ocupar Wall Street] fue una protesta que comenzó en septiembre de 2011, y que se describe a sí misma como un movimiento «que da poder a las personas»[39] y que ofrece a todos los «ocupantes» la oportunidad de acceder libremente a lo que sea que ellos quieran. La gente espera tener lo mejor de todo sin trabajar para ganárselo. Este es el mundo diseñado por la total depravación de la humanidad y que es incapaz de traer satisfacción. De hecho, mientras más tenemos, más queremos.

Hay quienes piensan que la adoración pagana es una cosa del pasado, pero está siempre presente, solo que le hemos dado un nuevo nombre: una cultura pop cortada a la medida para satisfacer el yo. Pero, un día, nuestro mundo auto diseñado tendrá que pararse frente al Dios todopoderoso. Él ha diseñado un momento particular para reunirse con cada ser humano, uno a uno, y entonces todos tendremos que dar cuenta de nuestras vidas. Dios, en su bondad, le ha dado a la humanidad un aviso, con bastante tiempo de anticipación:

> Y de una sangre ha hecho todo el linaje de los hombres, para que habiten sobre toda la faz de la tierra; y les ha prefijado el orden de los tiempos, y los límites de su habitación; para que busquen a Dios, si en alguna manera, palpando, puedan hallarle, aunque ciertamente no está lejos de cada uno de nosotros... Pero Dios... ahora manda a todos los hombres en todo lugar, que se arrepientan, por cuanto ha establecido un día en el cual juzgará al mundo con justicia, por aquel varón a quien designó, dando fe a todos con haberle levantado de los muertos. (Hechos 17.26–28, 30–31)

El «varón» es el Señor Jesús.

Un día todos veremos lo que la filósofa de la cultura pop anhela —una verdadera pertenencia— pero no habrá un círculo de manos dándonos la bienvenida a ese Lugar. Sino que nos encontraremos con Dios en Sus términos, en Su territorio y a Su manera. Contemplaremos las manos del Hijo de Dios cicatrizadas por los clavos y que llevan las marcas de nuestro pecado. Miraremos fijamente a Sus ojos, unos ojos que ven hasta lo más profundo de nuestras almas. Oiremos la voz de Dios pronunciando una bendición o una maldición y, en ese día, seremos incapaces de escoger. Algunos serán bienvenidos en sus brazos, y otros serán condenados a la distancia sin fin, que los separa del círculo eterno de compañerismo alrededor de su trono celestial. Conoceremos la libertad del pecado, o seremos echados en el cautiverio eterno que escogimos mientras estuvimos en la tierra.

¿Pertenece usted al mundo diseñado para lo inútil o al «Camino» de fe (Hechos 24.14), al mundo eterno que Dios ha diseñado para todos los que viven según su verdad?

ALMAS QUE BUSCAN

La cultura popular está buscando, quizás hoy más que nunca, la verdad. Pero, para muchos, la verdad se ha convertido en *cualquier cosa* que ellos quieren que sea, atados por las mentiras de Satanás que hace que miren con futilidad a los demás y, a veces, a ellos mismos. Jewel, la estrella de rock, canta acerca de ser los ojos de Dios, las manos de Dios, la mente de Dios, el corazón de Dios.[40] Si bien es cierto que los seguidores de Cristo pueden llevar a cabo buenas obras en su nombre, la humanidad nunca será los ojos de Dios ni la mente de Dios. Solo sus ojos pueden mirar dentro de nuestras almas cansadas. Él dice: «Porque mis pensamientos no son vuestros pensamientos, ni vuestros caminos mis caminos» (Isaías 55.8). Dios anhela llenar nuestras mentes con su verdad y sanar nuestros corazones enfermos. El corazón de Dios desea amarnos y cambiarnos.

Me conmovió escuchar la historia de que a los dieciséis años Jewel estaba viajando por México y se fijó que todos parecían estar «buscando a alguien que los salvara».[41] Su evaluación fue acertada. Más tarde, escribió la letra de «Who Will Save Your Soul?», que se convertiría en un gran éxito y que revela la preocupación de la gente por saber quién salvará sus almas.[42]

Me gustaría poder decirle a esta talentosa cantante que está buscando a Dios que la virtud de la humanidad no es Dios, y que nunca lo será. ¿Y no cree que es una razón para alegrarnos? Nadie se preocupa por nosotros como lo hace Dios, y nadie sino Dios nos ama con un amor eterno.

El mundo nos ha hecho creer que no tenemos alma o que somos nuestros propios dioses. Un artículo publicado en *The Huffington Post*, «25 Ways to Feed Your Soul»,[43] [25 maneras de alimentar tu alma] trataba realmente sobre cómo consentir nuestro yo. Sin embargo, el mundo aplaude a los poetas que han escrito sobre la búsqueda del alma y a artistas que han intentado describir la profundidad del alma.

El escritor canadiense Douglas Coupland sacó provecho de nuestra confusión cultural en la búsqueda del alma con una línea conmovedora dicha por un personaje de su novela *The Gum Thief* [El ladrón de chicles]: «Yo no merezco un alma, pero sigo teniendo una. Lo sé porque duele».[44] De igual manera muchos hombres, mujeres e incluso niños en nuestra sociedad conocen ese dolor. ¡Cuánto deseo que oigan el mensaje que puede traer consuelo a sus almas adoloridas! El apóstol Pablo escribió: «Y el mismo Dios de paz os santifique por completo... espíritu, alma y cuerpo» (1 Tesalonicenses 5.23).

La atormentada poeta Sylvia Plath escribió magistralmente que estaba aterrorizada por «algo oscuro» que había dentro de ella.[45] Cuando el alma está separada de Dios —el que la creó—, sin duda que está en oscuridad. Edgar Allan Poe dijo desde su lecho de muerte: «Señor, ayuda a mi pobre alma».[46] Se dice que este brillante poeta vivió en una gran oscuridad neurótica. Pero Jesús dijo: «Yo soy la luz del mundo; el que me sigue, no andará en tinieblas, sino que tendrá la luz de la vida» (Juan 8.12).

En una cultura que no se cansa de buscar esa «alma gemela», el negocio de encontrar una pareja para otros se ha convertido en una industria muy lucrativa desde África hasta Asia, desde Australia hasta Europa. Los servicios en la Internet prometen traer luz a su vida conectándole con la persona ideal para usted. «Expertos en relaciones» enseñan a sus clientes a practicar el «amarse a sí mismos» para que así puedan atraer a una potencial pareja. Uno de esos expertos escribió: «Nosotros... tenemos el poder de escribir nuestros propios libretos, tipo película, historias de amor basadas en nuestros propios deseos y esperanzas».[47]

Como el asunto del alma ocupa un lugar prominente en nuestro pensamiento, le pregunto: ¿ha encontrado usted la *única* fuente del verdadero tipo de amor que puede traer luz a su vida? La salvación en Cristo Jesús es la única esperanza para su alma. Solo Él puede iluminar las esquinas oscuras de su vida y traer satisfacción a su alma. Usted puede seguir buscando alguna religión que se ajuste a su estilo de vida particular, pero su búsqueda no tendrá un final feliz. O, puede dedicar completamente su vida al Señor, quien trae satisfacción verdadera y completa al alma humana que sinceramente lo busca en verdad.

Usted puede pertenecer al Dador de vida, el que salva a las almas del cansancio de las religiones creadas por el hombre. Y puede tener una relación personal con Jesucristo. Esto es lo que significa ser cristiano. ¿Se ha humillado ante Él?

Ninguna religión puede salvar

Tal vez su respuesta es: «Creo que sí». Esa respuesta no traerá paz a su alma. Ni tampoco le permitirá caminar en el poder de saber que Jesús vive dentro de usted, a través de su Espíritu Santo, y que está guiándole a través de las pruebas y las tribulaciones de la vida, que seguramente vendrán.

Ninguna religión salvará su alma porque la religión no murió para redimir su alma. Solo el Jesucristo Hombre, el Hijo de Dios, murió para que su alma pudiera vivir. Y aquellos cuyas almas tienen convicción de pecado, culpa y vergüenza, y que confiesan su necesidad al santo Dios, recibirán el don de salvación a través de la redención en Cristo Jesús.

El verdadero cristianismo no es religión. El verdadero cristianismo es tener fe solo en Cristo.

Solo porque las personas afirmen que son cristianas no quiere decir que lo sean. El cristianismo no es algo que usted añade a su vida. Ser cristiano es dejar que Jesús llegue a su vida y tome el control. Es una perspectiva totalmente nueva que no se satisface a menos que Él penetre hasta los rincones más profundos del alma y del entendimiento.

El cristianismo no es un deporte para espectadores —en el que puede comprar una entrada y sentarse a mirar desde las gradas. Ser cristiano significa dejar de vivir la vida egocéntrica que vivía y empezar a vivirla para Dios y en obediencia a Él. Debe dejar atrás su vieja vida y entrar en un nuevo estilo de vida, donde Cristo hace posible lo que usted piensa que es imposible. Decir que usted vive en él y continuar viviendo como si nada hubiera cambiado es negar el poder de Dios en su nueva vida.

Usted no puede tener a Jesús en su vida sin un cambio. Jesús no es un añadido. Él es el Defensor del alma que está dispuesta a poner su ego a un lado y dejar que Cristo resida dentro. La Biblia dice: «Si alguno está en Cristo, nuevas criatura es; las cosas viejas pasaron, he aquí todas son hechas nuevas» (2 Corintios 5.17).

¿Cómo ocurre esto? Cristo habita en sus seguidores dándoles el don del Espíritu Santo. Él no entrará a la fuerza en la vida de nadie; usted debe invitarle a entrar, aceptar su regalo sabiendo que él nunca le dejará. Entonces, el Espíritu Santo se convierte en su compañía constante, un residente permanente, alguien que le recuerda: «Nunca te dejaré ni te desampararé» (Hebreos 13.5). Él le da el poder para comenzar a pensar nuevos pensamientos y a vivir de una manera que le agrade a Él —no a usted.

La Biblia dice: «Revestíos del nuevo [hombre], el cual conforme a la imagen del que lo creó» (Colosenses 3.10). Esto es lo que significa invitar a Jesús a su vida.

Él no va a llegar a su vida e ignorar las cadenas que le atan al pecado. Él no va a llegar y va a cerrar los ojos ante la inmoralidad que gobierna sus relaciones. Él no va a llegar y va a ignorar la indiferencia de usted a sus mandamientos. Él va a moldearle y a hacerle de nuevo, transformando su naturaleza misma.

NACIDO PARA ARRASTRARSE, RENACIDO PARA VOLAR

Es posible que diga: «¡Eso es imposible!». Es lo que una oruga le diría a una mariposa. Pero el mismo Dios que transforma a la oruga en mariposa, también puede cambiarlo a usted.

¿Quién miraría a una oruga arrastrándose sobre su abdomen por el polvo y pensaría que en poco tiempo se transformará en una hermosa mariposa? Echemos un vistazo a la naturaleza de la oruga. Algunas son venenosas y capaces de expeler ácido. Adquieren los colores de las plantas donde encuentran su alimento, y a menudo imitan la apariencia de algunas partes de esas plantas, por ejemplo, las espinas. Algunas orugas no se afectan por el veneno que consumen de las plantas tóxicas que comen. Algunas pueden ser una molestia porque dañan el crecimiento de algunas plantas productoras de alimento.

Cuando es el tiempo para que la oruga se transforme, se adhiere firmemente a un tallo o rama y forma una crisálida o se envuelve en un capullo para protegerse. Y luego viene el tiempo de la espera. A veces dura meses. Mientras exteriormente parece apenas moverse, adentro hay una gran actividad. La anatomía de la oruga es milagrosamente desensamblada y reconstruida. Se forman las alas y absorben una gran cantidad de nutrientes, preparándose para el día cuando sus venas se inundarán con sangre, se estirarán y volarán. Sin duda, su perspectiva del mundo será muy diferente desde el aire que en la tierra. Desde un insecto reptante y destructivo emerge una magnífica criatura, alimentándose del dulce néctar de las flores. La belleza que una mariposa agrega a la naturaleza es intrigante mientras sus alas absorben, reflejan y esparcen luz. La oruga nació para arrastrarse, pero renace para volar.

¡Qué cuadro nos ha dado Dios a través de la naturaleza! Es interesante que la palabra del griego antiguo para mariposa sea *psyche*, que significa la vida misma del alma. La transformación de la oruga es un cuadro maravillosamente simbólico de la obra milagrosa de Cristo al transformar a un alma perdida en un creyente lleno de vida. La metamorfosis es un milagro recurrente que Él lleva a cabo magistralmente en aquellos que confían sus vidas a Aquel que hace su obra de transformación.

Las almas perdidas se alimentan de las toxinas del pecado. Muchas son inmunes al veneno y no se dan cuenta del daño que ocurre en sus almas. Pero cuando las almas perdidas encuentran salvación en Cristo Jesús, se adhieren firmemente a Él. Se alimentan de los nutrientes de su Palabra y emergen como creaciones nuevas. La sangre del Salvador limpia sus almas sucias, que se han estado arrastrando en el pecado, y su sangre que da vida las satura con una naturaleza que resplandece. Él las levanta de las oscuras sendas por las que caminaron y las lleva a mejores caminos —proyectando su luz sobre el mundo en tinieblas de donde las sacó. Esto es lo que significa ser cristiano. ¿Ha experimentado usted esta transformación milagrosa? Para ser un cristiano hay que nacer de nuevo. Por esto, Jesús dijo: «De cierto, de cierto te digo, que el que no naciere de nuevo, no puede ver el reino de Dios» (Juan 3.3).

Con frecuencia, Jesús usaba la naturaleza para ilustrar su verdad, y una de sus más poderosas ilustraciones tuvo que ver con una viña y sus ramas. Él dijo: «Yo soy la vid verdadera... Ya vosotros estáis limpios por la palabra que os he hablado. Permaneced en mí, y yo en vosotros. Como el pámpano no puede llevar fruto por sí mismo, si no permanece en la vid, así tampoco vosotros, si no permanecéis en mí. Yo soy la vid, vosotros los pámpanos» (Juan 15.1, 3–5).

La analogía es clara. Los cristianos obtienen su fuerza santa de la vid que hace posible vivir en santidad. Alguien quizás diga que suena un poco egoísta pretender ser santo. Pero lea cuidadosamente lo que dice la Biblia: «Como hijos obedientes, no se amolden a los malos deseos que tenían antes, cuando vivían en la ignorancia. Más bien, sean ustedes santos en todo lo que hagan, como también es santo quien los llamó, pues está escrito: "Sean santos, porque yo soy santo"» (1 Pedro 1.14–16, NVI).

Cuando Cristo nos transforma en creaciones nuevas tenemos nuevas posturas en Él, y Él nos ayuda a reflejar la santidad de su carácter. La Biblia dice: «Vuestro cuerpo es templo del Espíritu Santo, el cual está en vosotros» (1 Corintios 6.19).

Vivir una vida santa significa que usted se entrega enteramente a Cristo. Eso no significa que usted será perfecto porque la perfección en Cristo será una transacción celestial. Pero si no desea vivir según el estilo de Dios, su anhelo por la salvación no es sincero. Si la cruz de Cristo no lo ha cambiado, entonces no lo está siguiendo.

Tal vez usted se pregunte: «¿Pensará el mundo que yo soy extraño si consagro mi vida a Él?». Probablemente. Pero extraño es el hecho de que aunque el mundo acepta el entusiasmo en toda área de la vida, excepto el espiritual, el mundo sí espera que los cristianos luzcan diferentes, hablen diferente y actúen diferente.

Soy cristiano porque...

Hoy día existe una gran confusión sobre lo que significa ser cristiano. El tema se discute con frecuencia en foros de noticias, por la televisión o en la Internet. Hay quienes piensan que ir a la iglesia le hace cristiano, especialmente los que pertenecen a una iglesia en particular. Otros dicen que son cristianos porque creen en Jesucristo. Otros dicen que son cristianos porque oran y leen la Biblia. Multitudes creen que son cristianos porque se confiesan, mientras hay quienes piensan que son cristianos porque nacieron en un hogar cristiano.

También están los que creen que son cristianos porque dan dinero a organizaciones que ayudan a los pobres o van en viajes misioneros para ayudar a construir casas para la gente que no tiene casa o dan medicina para los enfermos. Algunos creen que son cristianos porque se niegan ciertos placeres pecaminosos. Muchas personas creen que son cristianos porque tratan de amar a sus vecinos. Y muchos otros creen que porque elevaron una oración ya son cristianos. La gente dice que son cristianos porque siguen el ejemplo de Jesús de amar a sus enemigos, y otros porque tienen fe en que Jesús les concederá sus deseos.

¿Encaja usted en alguna de estas categorías? ¿Entiende realmente qué significa pertenecer a Jesús? ¿Cuántos de ustedes saben, sin sombra de duda, que son cristianos y de verdad siguen a Jesús?

¿Sabe qué? El asunto no es: «¿Qué significa para usted llegar a ser cristiano?», sino «¿Qué dijo Jesús acerca de llegar a ser uno de sus seguidores?». La Biblia dice:

> El que tiene al Hijo, tiene la vida; el que no tiene al Hijo de Dios no tiene la vida. Estas cosas os he escrito a vosotros que creéis en el nombre del Hijo de Dios, para que sepáis que tenéis vida eterna, y para que creáis en el nombre del Hijo de Dios. Y esta es la confianza que tenemos en él, que si pedimos alguna cosa conforme a su voluntad, él nos oye».
> (1 Juan 5.12–14)

No nos sorprendería que la gente creyera fácilmente en un Dios que no hace demandas, pero ese no es el Dios de la Biblia. Astutamente, Satanás ha confundido a la gente susurrándoles que pueden creer en Jesús sin cambiar su estilo de vida; sin embargo, esta es una mentira del diablo. La Biblia enseña que creer en Él transforma la persona. «Si alguno ama al mundo», dice la Biblia, «el amor del Padre no está en él. Porque todo lo que hay en el mundo, los deseos de la carne, los deseos de los ojos, y la vanagloria de la vida, no provienen del Padre, sino del mundo» (1 Juan 2.15–16).

A todos los que dicen que es posible tener a Cristo sin tener que rendir nada, Satanás los está engañando. ¿Se convierte usted en parte del ejército de su país simplemente diciendo que pertenece a él? No, usted se enlista y sabe que esto le puede costar la vida. Antes de vestir el uniforme de soldado, tiene que hacer un juramento, someterse a un entrenamiento extremo y obedecer a sus superiores. Lo hermoso del cristianismo es que cuando la gracia de Dios nos salva, el Espíritu de Dios interviene para hacer todos los cambios posibles. El amor al mundo es reemplazado por el amor a Dios y las cosas que a Él le agradan. Si este no es un deseo ardiente, entonces tiene razón para dudar de la autenticidad de su fe.

Martín Lutero dijo: «Una religión que no da nada, que no cuesta nada y que no sufre nada, no vale nada».[48] Podemos tener fe en Jesucristo porque Él lo sacrificó todo: su sangre y su vida. Él sufrió el dolor de cada pecado que el hombre pueda imaginar, y merece que entreguemos nuestro yo al Salvador. Le entregamos todo... y a cambio, recibimos todo de Él. Esto es lo que la Biblia quiere decir con «vestido de salvación» (2 Crónicas 6.41). Esto es lo que quiere decir estar «en Cristo» (2 Corintios 5.17). ¡Cuánta riqueza hay en Él!

Esto no significa que tenemos que esperar que Jesús nos haga ricos... o atractivos... o que complazca todos los deseos de nuestro corazón. Convertirse en cristiano significa que Dios proveerá a nuestras necesidades según su estándar, que es mucho más alto que el nuestro. Sustituimos nuestra voluntad por su voluntad.

La Biblia dice que somos «enriquecidos en él» (1 Corintios 1.5). Él cambia nuestro semblante para que refleje su corazón, que es justo. Él comienza una obra en nosotros que transformará nuestros deseos egoístas en lo que Él desea, para que así le glorifiquemos. Reemplaza lo que es más importante para nosotros con Él mismo y se convierte en lo más importante en nuestras vidas. ¿Por qué? Porque Él va a guiar cada uno de nuestros pasos.

Jesús es más grande que la vida misma, así que cuando llega a la suya, no hay espacio para nada que no le glorifique a Él. Cuando Jesús vino a la tierra en forma de bebé, no hubo lugar para Él en la posada. Y hoy día la gente sigue rehusándose a darle lugar en su corazón.

¿Y usted? ¿Le dará un lugar en su vida?

No puede ofrecerle una banqueta en una esquina de su corazón. Cuando Él entra a su vida es porque usted se ha hecho a un lado para quedar ante su presencia. Al hacerlo, Él se sentará en el trono de su vida y le enseñará su verdad, y Su Espíritu transformará su espíritu. Él se convierte en el centro de la vida del cristiano, y su corazón, alma y cuerpo están enfocados en la gloria de Cristo.

¿Está usted dispuesto? Él busca y salva a aquellos que están perdidos en su pecado (Lucas 19.10). El pecador transforma su vida en pecado por una vida en Cristo. ¿Puede escuchar Su voz? Si es así, sepa que es el Espíritu Santo quien le está hablando.

Usted puede escuchar muchas voces que le dicen lo que significa ser cristiano, pero esto es lo que dice Jesús:

El que ama a padre o madre más que a mí, no es digno de mí; el que ama a hijo o hija más que a mí, no es digno de mí; y el que no toma su cruz y sigue en pos de mí, no es digno de mí. El que halla su vida, la perderá; y el que pierde su vida por causa de mí, la hallará. (Mateo 10.37–39)

Son duras estas palabras, ¿no cree? Las multitudes que seguían a Jesús también pensaron que eran duras. Pero tomar su cruz significa identificarse con su sufrimiento y aceptar su Señorío. ¡Esta es la gloria de la cruz!

Con frecuencia he enfatizado que ser cristiano es más que tomar una decisión de vivir una vida mejor o de asistir a la iglesia con más frecuencia. Cuando recibimos a Jesús como Señor y Salvador, algo sobrenatural ocurre. Cristo viene a habitar en nuestros corazones y nos da su propia vida sobrenatural: su vida eterna. Pero es un error pensar que a partir de entonces somos automática y casi mágicamente victoriosos sobre el pecado y las dudas. ¡No es así!

Cada día debemos tener la misma confianza que experimentamos cuando primero conocimos a Cristo. Esto es posible por el hecho que Él se convierte en la Persona predominante en nuestra vida y nos capacita para pensar en forma diferente, a andar en verdad y seguir un camino ascendente.

La Biblia dice:

> El justo vivirá por fe; y si retrocediere, no agradará a mi alma. Pero nosotros no somos de los que retroceden... sino de los que tienen fe para preservación del alma. (Hebreos 10.38–39)

Esto no lo podemos hacer por nuestro propio poder, ni el poder vendrá antes de recibir a Jesús como Salvador. Viene cuando lo recibimos como Señor y Maestro de nuestras vidas, y nos damos cuenta de que no podemos vivir la clase de vida que Él quiere que vivamos aparte de Él. Esto es lo que quiere decir ser cristiano. Y este es el secreto de vivir la vida cristiana: cada día en fe, confiando en él en cada momento. Día a día renovando nuestra fe, en la seguridad de que Dios nos dará la fe que necesitamos para seguirle.

CALCULE LOS GASTOS

Me temo que algunos cristianos, en su celo por compartir su fe en Cristo, han simplificado demasiado el mensaje del Evangelio de hacer discípulos. Solo decir «creo en Cristo» puede producir una falsa seguridad de esperanza del cielo. Con frecuencia, Jesús habló del regalo de la vida eterna. Para hacerlo claro, Él dijo: «Calcula los gastos».

¿Qué significa eso? Cuando Jesús iba de un lugar a otro, mucha gente lo seguía. A estos se les llamaba *discípulos* porque lo seguían y deseaban oír su prédica. No obstante, Él sabía que muchos de ellos lo único que querían eran sus milagros, más que sus palabras, así que les dijo: «¿Quién de vosotros, queriendo edificar una torre, no se sienta primero y calcula los gastos?... Así, pues, cualquiera de vosotros que no renuncia a todo lo que posee, no puede ser mi discípulo» (Lucas 14.28, 33).

Jesús enfatizó esto de una manera más personal cuando le dijo a una muchedumbre que se había reunido para escucharlo: «Porque he descendido del cielo, no para hacer mi voluntad, sino la voluntad del que me envió» (Juan 6.38). Y siguió diciéndoles que habría de morir y que resucitaría y que todos aquellos que le seguían deberían estar dispuestos a identificarse con él en muerte y en vida. De la misma manera que Jesús hizo la voluntad de su Padre, también los cristianos deben hacer Su voluntad:

> Al oírlas, muchos de sus discípulos dijeron: Dura es esta palabra; ¿quién la puede oír? Sabiendo Jesús en sí mismo que sus discípulos murmuraban de esto, les dijo: ¿Esto os ofende? ¿Pues qué, si viereis al Hijo del Hombre subir adonde estaba primero? El Espíritu es el que da vida; la carne para nada aprovecha; las palabras que yo os he hablado son espíritu y son vida. Pero hay algunos de vosotros que no creen». (Juan 6.60–64)

Luego la Biblia hace una afirmación sorprendente: «Desde entonces, muchos de sus discípulos volvieron atrás, y ya no andaban con él» (v. 66).

A estos seguidores les encantaba ver los milagros que hacía Jesús. Se sentían atraídos por Su compasión y la misericordia que ofrecía a los pobres y a los que sufrían. Habían sido cautivados con su promesa de vida eterna. Pero no les agradaba para nada la insistencia de Jesús de que debían calcular los gastos e identificarse con Él en su muerte. Sus palabras dejaron la verdad al descubierto: eran discípulos solo de nombre y se alejaron de la verdad porque su fe no era sincera. Esta realidad aparece ilustrada con el triste relato de un joven exitoso —conocido en los Evangelios como el joven rico— quien, deseando la vida eterna y la salvación, buscó a Jesús. En realidad, la Biblia dice que «vino corriendo» y que «se arrodilló ante él» (Marcos 10.17). Para él, encontrarse con la verdad era urgente. Todo predicador, todo pastor, todo evangelista y todo verdadero discípulo de Cristo anhela encontrarse con un buscador así y responder la pregunta que tiene. Siempre que leo esta historia en Mateo, Marcos o Lucas, me conmueve la forma en que Jesús trata con este joven: con amor pero también con la verdad. Respetuosamente, el joven se arrodilla a los pies de Jesús, y dice: «Maestro bueno, ¿qué bien haré para tener la vida eterna?» (Mateo 19.16).

La respuesta de Jesús al joven fue directa: «¿Por qué me llamas bueno? Ninguno hay bueno sino uno, Dios. Mas si quieres entrar en la vida, guarda los mandamientos» (v. 17).

El joven dio una interesante respuesta al preguntar *cuáles* de los mandamientos debía guardar. La respuesta indica que había algunos que él conocía y que no había guardado; de otra manera, su respuesta habría sido: «Yo he guardado todos los mandamientos». Pero es imposible que alguien pueda responder de esa manera pues la Biblia nos dice que nadie es bueno con excepción de Dios.

Jesús le mencionó algunos de los mandamientos y el joven le aseguró que los había guardado todos. Y entonces preguntó: «¿Qué más me falta?» (Mateo 19.20).

La Biblia dice:

Entonces Jesús, mirándole, le amó, y le dijo: Una cosa te falta: anda, vende todo lo que tienes, y dalo a los pobres, y tendrás tesoro en el cielo y ven, sígueme, tomando tu cruz. Pero él, afligido por esta palabra, se fue triste, porque tenía muchas posesiones. (Marcos 10.21–22)

Este es uno de los pasajes peor entendidos del Nuevo Testamento. Muchos creen que Jesús estaba dándole un requisito para la salvación. Pero no hay nada que podamos hacer para ganarnos la salvación. Jesús pagó nuestro rescate con su sangre. Es más, Jesús conocía el corazón del joven. La Biblia nos ofrece este sobrecogedor cuadro del amor de Cristo, aun hacia aquellos que rechazan su verdad, porque vemos aquí que Él miró al joven y lo amó.

Los ojos del Salvador miraron al interior del corazón del joven y vieron que aunque deseaba la vida eterna, esa no era la pasión de su vida. Y mientras se jactaba de haber guardado los mandamientos, en realidad estaba violando el primero: «No tendrás dioses ajenos delante de mí» (Éxodo 20.3). En esencia, Jesús le estaba diciendo que calculara los gastos. Este joven rico fue derribado de su pedestal de bondad autoproclamado. Él pensaba que estaba dispuesto a hacer lo que fuera necesario para recibir este regalo, pero cuando descubrió la verdad sobre él mismo, rechazó la verdad a causa de su egocentrismo.

Él había venido a la Fuente correcta. Le pidió a Jesús que diseñara algo «bueno» que él pudiera hacer, pero no le gustó la oferta. Cuando Jesús expuso la falta de veracidad del joven, se hizo evidente que no quería ser salvo de aquello que lo privaba de la vida eterna. Sus riquezas eran demasiado preciadas para él.

Este joven se convenció a sí mismo que era bueno, pero su encuentro con Jesús le dijo otra cosa. Su mundo de diseñador se desmoronó cuando no pudo obtener salvación porque se negó a renunciar a su mundo casi perfecto. Lo único que realmente tenía —su inmensa riqueza— fue lo que le impidió aceptar lo único que necesitaba: el tesoro del cielo, la vida eterna. La Biblia dice: «[Jesús] es el verdadero Dios y la vida eterna» (1 Juan 5.20).

Este casi creyente se puso de pie y se fue triste. ¿Por qué? Cuando calculó los gastos para su vasta fortuna, no estuvo dispuesto a renunciar al mundo que se ajustaba a su medida. No quiso ser salvo de lo que tenía dominio sobre él si eso significaba hacer espacio para que Cristo fuera el Amo de su vida.

Renunciar a algo para seguir a Cristo no es ganarse la salvación; es ceder lo que le impide alcanzar salvación. Cuando preferimos aferrarnos a algo que es más preciado para nosotros que recibir el más grande regalo de salvación en Cristo, nosotros perdemos.

Simon Greenleaf, prominente figura legal en los comienzos de la Escuela de Leyes en Harvard, dijo: «El objeto de la adoración del hombre, cualquiera sea, será naturalmente su estándar de perfección. Él lo viste con cada atributo, ajuar, en su criterio, para un carácter perfecto; y este carácter, él se empeña en alcanzar».[49]

La historia del joven rico apunta al corazón mismo de lo que significa pertenecer al mundo, o al mundo que usted está tratando de diseñar personalmente. También va al grano de lo que significa ser un cristiano.

¿Cuál es la diferencia?, tal vez se pregunta. Pertenecer al mundo significa que usted hace lo que sea para ser parte de él, para relacionarse con él a todo nivel, para identificarse con su filosofía y propósito, creyendo que eso le traerá felicidad. Esa es la mentira del diablo.

Ser un cristiano significa rendirse al señorío de Cristo y renunciar a lo que sea que exista entre usted y el Señor. Esta es la verdad de Dios.

Usted debe estar dispuesto a ser cambiado. Ah, y no trate de limpiar su vida antes de venir a Cristo. No lo podrá hacer por sus propias fuerzas. Pero sí tiene que *desear* ser cambiado —rediseñado. Cuando Cristo viene a una vida, Él da el poder para volverse de los caminos pecaminosos y caminar en una senda diferente —Su senda de una vida recta— porque Él cambia nuestros deseos. Pero si continuamos alimentando esos deseos e imaginación, hay razón para dudar de nuestro cristianismo.

Un artículo en la revista de ex alumnos de la Universidad Furman, titulado «Finding Faith», señaló que

> El sistema de creencias [de muchos jóvenes hoy día] consiste de cuatro partes: Primero, hay un Dios, o un poder superior... Segundo, Dios quiere que la gente sea buena y amable... Tercero, la meta principal en la vida es ser feliz... Finalmente... Dios [llega a] involucrarse en... la vida solo cuando se le necesita... Los adolescentes parecen pensar que Dios es la combinación de un mayordomo divino y un terapista cósmico.[50]

¿Y por qué no? Ellos viven en una cultura donde «el individuo se ha convertido en el centro de la sociedad, y, por lo tanto, enfocarse y desarrollarse a sí mismos como individuos tiene suma importancia».[51]

Muchas personas que consideran llegar a ser cristianos preguntan: «¿Qué gano yo en esto? ¿Cómo puedo beneficiarme?». Si la respuesta solo fuera librarle del infierno, entonces no ha considerado el gasto de vivir para Cristo en la tierra.

La pregunta correcta no es: «¿Qué gano yo en esto?», sino: «¿Está Cristo en mí?». Esta idea es perturbadora para muchos porque significa entregar el control. Significa que el Señor Jesucristo llegará a su vida y lo reformará, lo amoldará y lo transformará en un seguidor obediente. Si ese no es su deseo, tiene toda la razón para preguntarse si ha sido salvo, o no.

La mayoría de las personas no está dispuesta a quitar las manos de sus vidas hasta ese extremo. Pero esta es la oferta de Cristo. Cuando usted reconoce su pecado y le pide que lo perdone, Él lo limpia del pecado que lo ha enredado y lo ha mantenido alejado de Él: inmoralidad, orgullo, egoísmo —todo se llama pecado. La gran obra sacrificial del Señor Jesús fue completada para usted. Para Él sería imposible salvarlo y luego dejar que usted solo limpie su vida. Por eso el Señor Jesús viene y establece su residencia en su vida. Y eso significa que las cosas van a cambiar.

Dios no espera que usted se transforme a sí mismo antes de venir a Él en arrepentimiento. Él lo llama tal como está. Sin embargo, no cometa el error de pensar que Él lo va a dejar en su estado pecaminoso, pues eso negaría Su obra en su favor.

LA TRAMPA

La Biblia tiene mucho que decir acerca de pertenecer. El gran profeta Daniel se refirió a la búsqueda de pertenencia cuando oró: «Oh Señor, nuestra es la confusión de rostro... porque contra ti pecamos». Pero agrega: «Del Señor nuestro Dios es el tener misericordia y el perdonar, aunque contra él nos hemos rebelado, y no obedecimos a la voz del Señor nuestro Dios para andar en sus leyes que él puso delante de nosotros» (Daniel 9.8–10).

Los cristianos no pertenecen a este mundo ni tampoco pueden crear su propio mundo. Los cristianos pertenecen al mundo donde Cristo reina supremamente, donde Él es el centro de todo. Quienes confiesan de corazón sus pecados a Jesús y buscan seguirle, «anhelarán» una clase diferente de mundo, ajenos a las trampas de la carnalidad.

¿Qué es carnalidad? Es vivir una vida consumida por la satisfacción de los deseos carnales; es alimentar el egoísmo sirviendo al cuerpo y matando de hambre el alma. Carnalidad es el estado de depravación. Incluso el diccionario la define como «lo opuesto a la rectitud». Aquellos que desean ser cristianos no deben desear vivir en un estado de autocomplacencia. Pertenecer a Jesucristo les costará sus placeres pecaminosos. Usted no puede invitar al Dios santo a su vida y continuar pecando.

Es parte de la naturaleza humana desear lo barato y lo fácil. Los requisitos de Cristo fueron tan exigentes que muchos se rehusaron a seguir caminando con Él. Llegaron hasta un punto y de ahí no pasaron. Por eso Jesús insistió en decirle a la multitud que lo seguía: «Calculen los gastos... calculen los gastos... calculen los gastos».

Jesús también le dice: «Si me sigues, significa que yo seré el Amo y Señor de tu vida. Eso significa que tú eres mi alumno, mi discípulo. Y que debes hacer mi obra obedeciendo mis mandamientos. Debes estar dispuesto a tomar mi cruz y seguirme. Yo morí por ti en esa cruz. Fui torturado y ejecutado en esa cruz para ganar tu libertad. Eso significa que debes darle la espalda al pecado. Deberás mantenerte firme en mi nombre, aun cuando eso signifique soportar abusos y el ridículo».

Recuerdo haber conversado con un hombre de negocios muy exitoso que había perdido su trabajo y su posición porque se negó a encubrir a unos altos ejecutivos que estaban inflando sus cuentas de gastos. Estaba angustiado, pero él sabía que cubrir la deshonestidad empañaría su testimonio ante el Señor. Puso su confianza en el Señor, y no en el poder de los demás, y finalmente guió a uno de los ejecutivos a Cristo. Este creyente calculó el gasto —un gasto personal— y tuvo el gozo de ganar un alma para Cristo.

No es fácil. Pero si usted permite que otros vean a Cristo en usted, Él le dará unas fuerzas y una intrepidez que antes no conoció. Él no nos pide que vivamos una vida cristiana solos. Yo no puedo vivir la vida cristiana solo. Pero Cristo puede vivirla a través de mí si le permito que lo haga. Y Él hará lo mismo por usted.

¿Quién dijo que ser cristiano era fácil? No lo fue para Jesús. Enfrentar la cruz por nosotros no fue una tarea fácil para Él. Le costó su sangre y su vida. Resucitar tampoco fue nada fácil —requirió de un milagro. «Creer que creer es fácil» es un insulto al sacrificio supremo que Jesús hizo por nosotros. La recompensa por el derramamiento de su sangre fue la salvación de las almas perdidas.

Hoy día, la gente se siente cautivada por el amor de Dios sin darse cuenta de la maldición del juicio de Dios. Multitudes dicen seguir a Jesús, pero reniegan los cambios que Él demanda. La Biblia dice: «Y en esto sabemos que nosotros le conocemos, si guardamos sus mandamientos. El que dice: Yo le conozco, y no guarda sus mandamientos, el tal es mentiroso, y la verdad no está en él» (1 Juan 2.3–4).

Hay dos caminos en la vida: el camino del mundo y el camino de Dios. Imagínese un camino muy ancho lleno de gente, todos caminando en la misma dirección. En el centro de ese camino hay un pasillo muy angosto que va en sentido contrario. Puede parecer solitario, pero es el camino correcto. Jesús se refirió claramente a estos dos caminos. Uno es ancho, sin fe, sin convicciones ni moralidad. Este es el camino fácil, el camino popular, el camino descuidado. Está lleno de gente, pero lleva a la destrucción. El otro camino es angosto e impopular. Jesús dijo: «Entrad por la puerta estrecha; porque ancha es la puerta, y espacioso el camino que lleva a la perdición, y muchos son los que entran por ella; porque estrecha es la puerta, y angosto el camino que lleva a la vida, y pocos son los que la hallan» (Mateo 7.13–14).

Las personas que van por el camino ancho son superficiales. Y el camino que escogen está lleno de negociaciones y compromisos. Mantenerse al lado de Cristo significa ir por el camino angosto y optar por la rectitud, la honestidad, la bondad, la moralidad y la justicia. Y esto no es fácil en nuestro mundo de hoy.

Tal vez usted se encuentra en la encrucijada. Quizás esté mirando con admiración a los que viven para la popularidad y el placer propio. Ese camino conduce al infierno. Le invito a mirar el camino estrecho y a considerar el viaje. Puede traer persecución por la fe en Cristo, pero Él caminará con usted porque este es el camino que lleva al cielo.

La obra que Jesús hace es transformadora. No se trata de un trabajo superficial. Cuando los médicos prescriben un medicamento, su propósito es comenzar un proceso de sanidad de los órganos y tejido enfermos dentro de nosotros. Cuando Cristo concede la salvación, Él comienza un trabajo profundo en el corazón que durará toda la vida. Los cambios se inician en nuestro interior y luego se proyectan a la superficie. La Biblia dice: «El que comenzó en vosotros la buena obra, la perfeccionará hasta el día de Jesucristo» (Filipenses 1.6).

De la misma manera que los personajes del programa de televisión «Belonging» [Pertenecer] luchan contra los cambios en su medioambiente, los que de verdad son salvos por Jesús no pueden seguir siendo los mismos una vez que se han encontrado con Él a los pies de la cruz. Llevar esa cruz implicará luchas y pruebas. Pero se nos ha dicho: «Tened por sumo gozo cuando os halléis en diversas pruebas, sabiendo que la prueba de vuestra fe produce paciencia. Mas tenga la paciencia su obra completa... sin que os falte cosa alguna» (Santiago 1.2–4).

El joven rico preguntó qué le faltaba, pero cuando se le dio la medicina, no quiso tomarla. La Biblia dice: «La salvación es del Señor» (Salmos

3.8). Dios ha abierto la puerta de la fe (Hechos 14.27). Los que verdaderamente buscan la salvación, correrán a Jesús, se arrodillarán ante Él, examinarán sus corazones ante su presencia, confesarán sus pecados y renunciarán a lo que sea que se interponga entre ellos y el Salvador. Rendirán todo a Cristo, y Él les perdonará y les dará la fe para creer en su poder para habitar en sus corazones y transformar sus vidas. ÉL LOS HARÁ DIGNOS PARA LA VIDA ETERNA CON ÉL EN ESE MARAVILLOSO «ALGÚN LUGAR» LLAMADO CIELO.

Pero los que son de Cristo han crucificado la carne con sus pasiones y deseos.

(GÁLATAS 5.24)

CAPÍTULO SIETE

En el infierno no hay esperanza de hora feliz

¿Cómo escaparemos nosotros, si descuidamos una salvación tan grande? La cual [fue] anunciada primeramente por el Señor.

—Hebreos 2.3

¿QUÉ PIENSA LA GENTE DEL infierno? Quizás le sorprenda saber que el tema no está muy lejos de las mentes, corazones y labios de las personas. Algunos hacen bromas sobre él, otros lo maldicen, muchos opinan y algunos hasta dicen que quieren ir allá; pero la verdad es que desde el principio de los tiempos, un gran número de personas ha vivido con un miedo horrendo de este lugar llamado infierno.

Hace algunos años, el tema del infierno se había convertido para muchos en parte de las cenizas de la historia antigua. Sin embargo, debido en gran parte a las investigaciones científicas, la curiosidad humana y, en cierto grado, a especulaciones cúlticas sobre «el Hades», ha habido un resurgimiento en el interés por este lugar de muerte. De hecho, el mundo habla más del infierno que lo que se escucha desde el púlpito de la iglesia.

Para muchos, el infierno no es más que una expresión popular para maldecir, y para ellos el pecado es también una forma de vida aceptable. La gente busca en la ciencia, la educación y los programas sociales y morales posibles soluciones al creciente caos en un mundo demente. Si las personas pueden ignorar lo que la Biblia dice sobre el pecado, ellas creen que también pueden descartar lo que dice sobre la realidad del infierno. Quienquiera que insista en negar que hay un infierno, tiene que enfrentarse a la pregunta: «Si no voy al cielo cuando muera, entonces, ¿cuál es la alternativa?». Hemos sido tan descriptivos sobre las glorias del cielo que hemos dejado de mencionar los horrores de su alternativa. La cultura popular ha propulsado la actitud de tolerancia, y uno de los muchos resultados ha sido desechar la descripción bíblica del fuego y azufre del infierno. Pero algunas facciones están examinando con mayor detenimiento lo que otros quieren descartar como un mito.

LA IMAGEN DEL INFIERNO

El *Boston Globe* informó que expertos en el infierno —«estudiosos que se han pasado esta vida estudiando la próxima»— lo describen como un «lugar, a menudo debajo de la tierra, donde los pecadores son castigados, donde reina el diablo y donde Dios está ausente».[1] El artículo contrasta la disminución de la predicación sobre el fuego y azufre del infierno con el gran número de obras seculares sobre los temas del cielo y del infierno.

El debate sobre el infierno arde en todas las áreas de la vida: desde la ciencia hasta los medios sociales, desde las obras de no ficción hasta las novelas, desde la educación hasta el entretenimiento, desde las noticias internacionales hasta la Internet, desde la historia antigua hasta el Apocalipsis, desde el huerto del Edén hasta el siglo veintiuno. Una propaganda publicitaria para *The History of Hell* [La historia del infierno], escrita desde una perspectiva secular, afirma: «Desde los comienzos de la historia registrada, la gente en todo el mundo ha creído en una vida más allá de la muerte con dos destinos, y el infierno ha inspirado más interés que el cielo».[2]

Un libro publicado por Cornell University Press, *The Formation of Hell* [La formación del infierno], es aclamado por ser «altamente relevante para un debate animado... que hoy día mantienen teólogos y filósofos.

Los puntos de vista tradicionales sobre el infierno están nuevamente recibiendo seria atención».[3]

Al autor de una novela de suspenso, *The Descent* [El descenso], se le preguntó por qué había decidido escribir sobre el infierno. Respondió así:

Si usted va a descender, entonces descienda de verdad... Vaya al verdadero corazón de la oscuridad, al infierno... [trascienda] nuestra naturaleza recordada. Algunas de las más antiguas historias de aventura... han pintado un cuadro de cómo luciría el infierno... Yo lo sirvo al estilo siglo veintiuno...

Olvídese del sádico con un tridente —eso es tira cómica. Yo traté de imaginarme a [Satanás] como un ser real... un rey-filósofo o un líder de guerrillas... o un vagabundo... o un príncipe de la oscuridad...

Yo sigo a un grupo experto de ancianos estudiosos que tratan de presentarnos un perfil del Gran Engañador.[4]

Otro libro publicado en el siglo veintiuno, *When All Hell Breaks Loose* [Cuando se desata la locura del infierno], ofrece a los lectores «una recién descubierta confianza para la supervivencia antes de que ocurra una desgracia».[5] Pero la verdad sobre la supervivencia eterna se encuentra en el libro más perdurable de todos, la Biblia. «Yo les doy vida eterna, y no perecerán jamás» (Juan 10.28).

El cielo y el infierno son realidades, de la misma manera que lo son la vida y la muerte, y Jesús utilizó un lenguaje muy fuerte para describir lo repulsivo del infierno. Aunque muchos desaprueban la descripción del infierno que presenta Jesús, no saben qué hacer para describir este lugar siniestro de una forma distinta.

Un periódico importante publicó el siguiente titular: «El centro de la tierra es más caliente que la superficie del sol».[6] La revista *Discover* citó a un geólogo que dijo: «No hay duda de que el centro (de la Tierra) es un ambiente mucho más inhóspito que la superficie del sol».[7] El artículo es fascinante porque todos los expertos entrevistados están de acuerdo en que no es posible saber cuán inhóspito es el centro de la tierra a menos que, como lo dice el autor, «hagamos un viaje al centro de la Tierra».[8] Aunque la ciencia ha tratado de refutar la Biblia, esta ha sostenido que en el centro de la Tierra hay áreas volcánicas derretidas. Este muy bien podría ser el lugar al que Jesús llamó el «lago de fuego», en Apocalipsis 19 y 20.

El *Atlas Obscura* presenta un hoyo de fuego en Karakum, desierto de Turkmenistan (Rusia) llamado las Puertas del Infierno.[9] Parece que la inclinación natural del hombre es equiparar el fuego inextinguible con el infierno, tal como advirtió Jesús cuando dijo: «El fuego nunca se apaga» (Marcos 9.44).

Quizás la descripción del infierno más famosa que encontramos en el mundo literario es el *Infierno* de Dante, parte del poema alegórico clásico *La divina comedia*. El poeta italiano del siglo catorce escribió sobre un viaje al infierno, donde fue recibido por un letrero que decía: «¡Perded toda esperanza los que entráis!», un lugar ocupado por todos los que no se arrepintieron de sus pecados.[10]

El *Infierno* fue inspirado en una obra anterior de Titus Lucretius Carus, quien nació aproximadamente un siglo antes de Cristo. La revista *New Yorker* publicó un artículo de varias páginas sobre el infierno desde la perspectiva de Lucretius, según lo describe en su famoso poema «De la naturaleza de las cosas». Se dice que el corazón de su poema es «una meditación profunda y terapéutica sobre el temor a la muerte».[11] El autor afirmó: «A las personas... paralizadas por el terror al infierno, y obsesionada por escapar de... los fuegos del más allá, Lucretius presentó un cuadro de divina indiferencia. No había una vida más allá, ni un sistema de premios y castigos impuesto desde lo alto. Los dioses, en virtud de su calidad de dioses, no podían interesarse en las acciones de los seres humanos»;[12] por lo tanto, el infierno no existe.

Después que las ideas de Lucretius fueron redescubiertas en el siglo quince, su obra comenzó a arraigarse en la forma de atomismo y ateísmo,[13] un rechazo total a la idea de que el arquitecto de la vida humana es un ser superior. Otros trataron de construir sobre el concepto del vacío desarrollando ideas como las expresadas en *Utopía*, una obra famosa de Thomas More en la que los habitantes de su tierra imaginaria encuentran la felicidad suprema en la búsqueda del placer. «El uso que hace de la filosofía de Lucretius para los pobladores de esta isla de extranjeros mostraba que las ideas recuperadas por los humanistas parecían... completamente raras».[14] ¿Por qué? Porque su teoría no tiene una fuente que la respalde. Estos filósofos pusieron su fe en la naturaleza, y esto los llevó a adorarla.

La Biblia dice lo siguiente: «No conociendo a Dios, servíais a los que por naturaleza no son dioses» (Gálatas 4.8). La naturaleza del ser humano es adorar lo que sea, menos a Dios.

¿Alinearía usted su vida simplemente con la idea de otro ser humano? Muchos, desafortunadamente, lo hacen. Algunos dicen que es absurdo tener fe en un ser superior, pero sí aceptan la idea de utopía.

No obstante, todavía la utopía no ha logrado eliminar la curiosidad por el infierno. En 1880 comisionaron al escultor francés Auguste Rodin para que creara una pieza multifacética llamada *Puertas del infierno*. La obra terminada incluía al famoso «Pensador», el cual algunos cuestionan si es o no el retrato del primer hombre, Adán, «contemplando la destrucción que trajo sobre la humanidad por su pecado».[15]

La mayoría de las personas piensa que la «gente buena», que no se mete con nadie, debería tener algún tipo de recompensa eterna. Estas personas dicen: «Ciertamente un Dios amoroso no castigaría a gente buena». Tienen razón en el sentido de que Dios no quiere que vayan al infierno. «Dios nuestro Salvador quiere que todos los hombres sean salvos» (1 Timoteo 2.3–4).

El problema no es que el infierno exista, pues tiene que existir, porque Dios es santo. Más bien debemos distinguir entre el significado bíblico de bien y mal porque el problema es que los hombres no quieren entender que el pecado es ofensivo a los ojos de un Dios supremamente santo. El pecado no se mide según una escala. El infierno es separación eterna de Dios y solo puede ser perdonado por un sacrificio realmente supremo, logrado por la muerte sustitutoria del Hijo de Dios en la cruz. La vida en el más allá se determina en la tierra de los vivientes según la manera en que la persona responde al sacrificio llevado a cabo por Jesús para rescatar las almas perdidas, «arrebatándolos del fuego» (Judas 23).

Cuando se entrevistó a Isaac Asimov —autor de ciencia-ficción— sobre el tema del cielo y del infierno, dijo: «No creo ni en el infierno ni en la vida del más allá».[16] En otra parte agregó: «No creo... así que no tengo que pasar toda mi vida temiéndole al infierno ni mucho menos al cielo. Porque a pesar de todas las torturas del infierno, el aburrimiento en el cielo sería mucho peor».[17]

El temor al infierno parece obvio, pero, ¿temerle más al cielo que al infierno? ¿Por qué? Porque los seres humanos saben instintivamente que mirar el rostro del Dios santo produce una certeza: la verdad del pecado del hombre y su rechazo del Dios todopoderoso. «Ningún ser humano será justificado delante de él [Dios] porque por medio de la ley es el conocimiento del pecado» (Romanos 3.20).

¿QUIÉN DICE QUE EN EL INFIERNO HAY HORA FELIZ?

Se dice que la tarea más importante del diablo es convencer a la gente que el infierno no existe. Algunos se engañan a ellos mismos diciendo: «Si el infierno existe, ¡entonces vamos a estar celebrando en una fiesta del demonio!». Otros dicen: «No diablo, no pecado; no pecado, no culpa; no culpa, no necesidad de arrepentirse; no arrepentimiento, no necesidad de Dios».

Pero la Biblia dice que el Evangelio «entre los que se pierden está encubierto, en los cuales el dios de este siglo, cegó el entendimiento de los incrédulos para que no les resplandezca la luz del evangelio» (2 Corintios 4.3–4). «Pero temo» escribió Pablo «que así como la serpiente con su astucia engañó a Eva, los pensamientos de ustedes sean desviados de un compromiso puro y sincero con Cristo» (2 Corintios 11.3, NVI).

El biólogo y filósofo francés Jean Rostand dijo: «No me interesa un paraíso en el que se me prive del derecho de preferir el infierno».[18] Esta, sin duda, es una admisión asombrosa, pero la verdad es que la confesión de algunos de preferir el infierno es simplemente una forma de ocultar su indisposición de confesar que Jesús es Señor y humillarse delante de Él.

El cantante y compositor, John Lennon, es famoso por su balada Imagine, donde invita a la gente a imaginar una existencia donde no hay cielo, ni infierno, ni religión y donde cada uno «vive el día presente».[19] Pero decir que no hay infierno no quiere decir que no lo haya. De esto es, precisamente, de lo que está hablando la Biblia cuando se refiere a personas que «se envanecieron en sus razonamientos, y su necio corazón fue entenebrecido» (Romanos 1.21).

Satanás crea religión sin un Redentor. Levanta iglesias sin Cristo. Llama a la adoración sin la Palabra de Dios. La Biblia dice que el trabajo de Satanás es engañar al mundo (Apocalipsis 12.9), y su falacia de que en el infierno lo que habrá es fiesta es un truco astuto. En 2 Corintios 11.14 se le identifica como «ángel de luz» porque disfraza lo malo en lo que sea que despierte los sentidos. Muchos piensan que el infierno no será más que la hora feliz más caliente del mundo y que será mucho más entretenido que el cielo.

La idea de que en el infierno existirá una gran camaradería entre pecadores no tiene ningún fundamento bíblico. En las Escrituras, el infierno se describe como un confinamiento solitario, donde la compañía del pecador no será su imaginación, sino sus recuerdos (Lucas 16.25).

Una tendencia emergente en lugares como Bangkok, Tailandia, es el parque de diversiones del inframundo, que exalta el lado oscuro de la vida del más allá. La entrada a los jardines Wang Saen Suk Hell dice: «Bienvenido al infierno». Los visitantes son «entretenidos» en una «tierra de almas torturadas y lamentándose, que sufren una vida de miseria eterna... enviando un claro mensaje: el día del juicio está por venir».[20]

Popularizar el infierno en la cultura de hoy día se ha puesto muy de moda. Esta es la depravación del alma humana: se aterroriza a sí misma con el mal y, a la vez, se acostumbra a las diversiones infernales elaboradas por el sistema y el estilo de vida del mundo.

Hay quienes dicen que esto es una muestra de los que viven a los márgenes de la sociedad pero, lamentablemente, esta cultura se vuelve cada vez más en la corriente principal. Los periodistas sudafricanos no solo han cubierto este fenómeno en Cape Town, sino alrededor del mundo entero. «Comunidades enteras... se benefician de una extensa economía, de varios millones de rands (la unidad principal del sistema monetario sudafricano), que se basa en el Hades. Y es muy posible que usted sea parte de ella», afirma el artículo, agregando que «la economía del Hades perdura... ¡Y ya no es una actividad marginal!».[21]

En un esfuerzo por atenuar el miedo a una condenación eterna, la humanidad ha preparado un antídoto: familiarizarse tanto con el infierno que deje de provocar ansiedad —o hacer chistes sobre el infierno esperando que la risa sofoque el fuego ardiente que trae opresión. Es posible que este haya sido el pensamiento detrás del musical Hell Ain't a Bad Place to Be [No es tan malo estar en el infierno], que se estrenó en Australia en 2011.[22] Billy Joel canta que los pecadores «son mucho más divertidos» que los santos.[23] Pero la Biblia rechaza tal concepto. La verdad es que en el cielo, Dios enjugará toda lágrima (Apocalipsis 21.4), mientras que el infierno será un lugar de lágrimas (Mateo 8.12) —un lugar realmente malo para estar.

Algunos comediantes hacen parodias sobre el infierno sin inmutarse. El presentador del programa de entrevistas Conan O'Brien ha entretenido repetidamente a su audiencia con la canción: «No tengo salvación. Es demasiado tarde para mí. Voy de cabeza al infierno cuando muera».[24] La comediante Kathy Griffin, cuyo sitio en la Internet promueve sus especiales de televisión por cable, «Kathy Griffin: Straight to Hell»,[25] [Kathy Griffin: derecho al infierno] dice: «Yo sé que voy derecho al infierno y tengo mi canastita de mimbre lista y decorada».[26]

Este tipo de humor está envuelto en desesperación y total oscuridad, y sale de los labios de personas que no se dan cuenta de que su risa se transformará en lamento. Aquellos que trivializan el mal del infierno presagiado no tienen ningún interés en el alma de la gente. Ellos cortejan al diablo, que los convoca al infierno, mientras ignoran la voz de Dios que sigue diciéndole a la gente: «Vengan a mí».

Jesús advirtió a las personas sobre el infierno, desde lo más profundo de su amor y compasión, para prevenir que *alguna vez* lleguen a conocer esta realidad espantosa.

Esto es lo que dice la Biblia:

¿Menospreciáis las riquezas de su benignidad, paciencia y longanimidad, ignorando que su benignidad te guía al arrepentimiento? Pero por tu dureza y por tu corazón no arrepentido, atesoras para ti mismo ira para el día de la ira y de la revelación del justo juicio de Dios... a los que son contenciosos y no obedecen a la verdad, sino que obedecen a la injusticia; tribulación y angustia sobre todo ser humano que hace lo malo. (Romanos 2.4–9)

El mundo quiere que pensemos que el infierno es un espectáculo nocturno, pero el infierno es un ángel de muerte hambriento.

George Bernard Shaw, premio Nobel de Literatura, hablando acerca del infierno, dijo:

Sobre la puerta aquí están escritas estas palabras: «¡Perded toda esperanza los que entráis!». ¡Solo piense en el gran alivio que esto representa! Pues, ¿qué es la esperanza? Una forma de responsabilidad moral. Aquí, no hay esperanza y, en consecuencia, no hay obligaciones, ni trabajo, ni nada que lograr a través de la oración, ni nada que perder por hacer lo que disfruta. El infierno, en resumen, es un lugar donde usted no tiene nada que hacer excepto divertirse.[27]

La verdad es que el tiempo libre en el infierno se pasará recordando. Y revolcarse en los recuerdos de haber rechazado a Dios no será nada divertido.

Se cuenta la historia de dos padres que llevaron a sus hijos adolescentes a acampar. Prendieron una fogata y les advirtieron que se mantuvieran alejados del fuego y que salieran a buscar más leña. Los muchachos no prestaron ninguna atención a la advertencia, y se rieron a espaldas de sus padres. Mientras los padres levantaban la tienda de campaña, los muchachos se pusieron a jugar de manos e imprudentemente cayeron sobre el fuego, y las llamas quemaron su pelo y su ropa. Por el resto de sus vidas, vivieron con las cicatrices de aquella desafortunada noche cuando se rieron de la orden que sus padres, amorosamente, les habían dado. Los recuerdos de aquel accidente no les trajeron ni risas ni buenos momentos, sino un horrible lamento y tormento mental y corporal.

El camino al infierno

La naturaleza humana se inclina a resistirse a la autoridad, y por esto es que las personas se ofenden cuando oyen sobre la verdad del infierno. El profesor Alan Cairns hizo una afirmación que nos obliga a pensar: «¡Cuántos millones hay que no quieren ir al infierno, pero que tampoco quieren abandonar el camino que lleva al infierno!».[28] Somos rebeldes y propensos a desear lo que satisface nuestros sentidos y apetitos egoístas sin medir las consecuencias.

La Biblia describe nuestra naturaleza de la manera siguiente:

¡Cómo aborrecí el consejo,
y mi corazón menospreció la represión! ...

Porque los caminos del hombre están ante los ojos del Señor,
y él considera todas sus veredas...
y retenido será con las cuerdas de su pecado.
Él morirá por falta de corrección,
y errará por lo inmenso de su locura.

(PROVERBIOS 5.12, 21–23)

A muchos les repugna el mandamiento de vivir vidas santas y obedientes. Job habló de los que viven para el placer y los deseos egoístas, y que le dijeron a Dios:

Apártate de nosotros,
porque no queremos el conocimiento de tus caminos.
¿Quién es el Todopoderoso para que le sirvamos?

(JOB 21.14–15)

Mientras nos alimentamos de las mismas cosas que nos causan daño, nuestras mentes nos llevan a desviarnos. «Para los corrompidos e incrédulos nada les es puro; pues hasta su mente y su conciencia están corrompidos» (Tito 1.15).

Alguna vez se ha preguntado: ¿qué tiene de estimulante el entretenimiento que glorifica la violencia del infierno? Muchos se han dejado seducir por el misterio de películas tales como *Drag Me to Hell* (2009) [Arrastrarme al infierno], *The Gates of Hell* (2008) [Las puertas del infierno] y *The City of the Living Dead* [La ciudad de los muertos vivientes] (también llamada *The Gates of Hell*). Los afiches y anuncios en la Internet promueven estas películas con advertencias horrorosas: «El mal se engendra más allá de... Las puertas del infierno».[29]

He aquí la verdad: Satanás desea arrastrar al mundo por el camino que conduce al infierno, su lugar designado de oscuridad. Y se aprovecha de la libertad que tienen las personas para elegir. Vea usted: no es que Dios condene a la gente al infierno. Las personas mismas lo hacen cuando con rebeldía rechazan a Dios. La verdadera ciudad de los muertos vivientes es, indudablemente, el lugar donde habita la perdición. El riesgo es nuestro, pero escoger las mentiras de Satanás por encima del amor de

Dios, trae horrores interminables y más implacables que la peor pesadilla. Los que elijan ir allá jamás despertarán con esperanza, porque una persona condenada al infierno nunca conocerá el descanso. El sufrimiento de la separación de Dios jamás terminará.

¿Por cuál camino va usted?

EL CAMPO DE BATALLA

En los reinos celestiales se está librando una batalla formidable por el alma del ser humano entre el Dios del cielo y los dominios de Satanás. ¿De qué otra manera explicaría el afán de la humanidad por escuchar vulgaridades y correr tras la inmoralidad a no ser que el espíritu de maldad esté facultado por Satanás?

La Biblia dice: «Porque no tenemos lucha contra carne y sangre, sino contra... potestades, contra los gobernadores de las tinieblas de este siglo, contra huestes espirituales de maldad» (Efesios 6.12). Si usted oye una voz que le dice que el infierno no es real, crea la verdad de Dios, no la mentira de Satanás.

Tal vez pregunte, con toda razón: «¿Cuál es la diferencia entre ver una película sobre el infierno y leer en la Biblia acerca del infierno?». Existe un abismo de diferencia. Cuando usted busca entretenimiento que se enfoca en el infierno y sus fuerzas, está invitando a una presencia satánica a su vida de pensamiento. Cuando lee en las Escrituras sobre el infierno, usted está exponiendo su mente a la verdad de lo que Dios ha hecho para mantenerlo alejado de esta fuerza imponente. No coseche los resultados de la abominación hacia el infierno; preste atención a la advertencia que viene de la evaluación divina de este lugar inconsolable, porque la Biblia dice que Él «castigará al mundo por su maldad» (Isaías 13.11).

Muchos pueden cerrar sus ojos a las consecuencias del infierno y aceptar el deleite pecaminoso que Satanás les ofrece. Muchos, que dicen no creer en Dios, creen lo suficiente como para ridiculizarlo por la existencia del infierno. Esto revela con toda claridad que muy adentro de sus almas saben que Dios sí es quien dice que es. Si no fuera así, no odiarían la verdad con la vehemencia con que la odian: que Él conoce los motivos del corazón.

La realidad del infierno es que Dios lo creó para Satanás y sus demonios. «El fuego eterno está preparado para el diablo y sus ángeles» (Mateo 25.41). Dios no desea que nadie siga a Satanás a este lugar abrumador. Por eso la Biblia nos manda a «resistir al diablo y él huirá» (Santiago 4.7). Sin embargo, esto solo es posible para aquellos que pertenecen al Señor. Él es el único que puede darnos el poder para hacerlo.

Satanás anda constantemente tras nosotros, y nosotros seguimos teniendo la libertad de escoger. Él es «el príncipe de la potestad del aire, el espíritu que ahora opera en los hijos de desobediencia, entre los cuales también todos nosotros vivimos en otro tiempo, en los deseos de nuestra carne, haciendo la voluntad de la carne y de los pensamientos» (Efesios 2.2–3). Debemos tener cuidado para no abrir nuestra mente a él.

Satanás está muy familiarizado con el mundo de la televisión y la usa poderosamente para engañar. La Twentieth Century Fox produjo una serie animada para niños sobre una familia de demonios que viene a vivir a la Tierra y descubre que «los humanos pueden ser mucho más malos que los demonios mismos». La serie se llamaba The Neighbors from Hell.[30]

La Biblia no habla de una familia del infierno, pero sí describe la familia que estará en el infierno. Jesús dijo:

> Si vuestro padre fuese Dios, ciertamente me amaríais; porque yo de Dios he salido, y he venido... ¿Por qué no entendéis mi lenguaje? Porque no podéis escuchar mi palabra. Vosotros sois de vuestro padre el diablo, y los deseos de vuestro padre queréis hacer. El ha sido homicida desde el principio, y no ha permanecido en la verdad, porque no hay verdad en él. Cuando habla mentira, de suyo habla; porque es mentiroso, y padre de mentira. Y a mí, porque digo la verdad, no me creéis... El que es de Dios, las palabras de Dios oye; por esto no las oís vosotros, porque no sois de Dios. (Juan 8.42–47)

Muchos llaman a Dios el Padre de la raza humana, pero la Biblia enseña que Dios es el Creador. Satanás es el padre de los que rechazan a Cristo y van tras el sistema del mundo. Los que han aceptado a Cristo y en obediencia lo siguen como Señor, pertenecen al Padre en el cielo. ¿A quién pertenece usted?

La Biblia nos dice: «Humillaos, pues, bajo la poderosa mano de Dios... Sed sobrios, y velad; porque vuestro adversario el diablo, como león rugiente, anda alrededor buscando a quien devorar» (1 Pedro 5.6, 8). Es posible que se pregunte: «¿Y cómo es que puede hacer algo así?». A través de cualquier medio que pueda usar. El taller del diablo está en las ondas radiales, en el medio ambiente, en las profundidades de la tierra y en el corazón de los seres humanos. Incluso el espacio cibernético está plagado de propaganda maléfica.

Si bien la Internet puede ser un recurso para el bien, también es una poderosa cartelera que atrae víctimas a sitios tales como Hell.com, que tiene el logo de una caja negra con una flecha apuntando hacia abajo; proclamando como un «lugar misterioso para que los artistas de la red pasen el rato»[31] y «donde [el fundador] simplemente interactúa con los visitantes».[32] Quizás a usted le sorprenda saber que la Biblia advierte contra entrar en tales lugares:

No entres por la vereda de los impíos...
Déjala, no pases por ella.

(PROVERBIOS 4.14–15)

Ay de los que a lo malo dicen bueno, y a lo bueno malo;
que hacen de la luz tinieblas, y de las tinieblas luz.

(ISAÍAS 5.20)

La sociedad está obsesionada con los entretenimientos y tanto niños como adultos están encantados con las últimas novedades en los video juegos. Y no piense ni por un segundo que Satanás ha pasado por alto esta forma de diversión. Un sitio describe el infierno, como aparece en juegos de video, como «el hogar del mal encarnado» y «el uso del infierno tiende a estar más estrechamente vinculado al uso de demonios y objetos santos o cruzadas».[33] En una conversación con una madre, ella dijo que esta era una manera creativa de enseñar a sus hijos acerca del infierno, sin tener que tomarlo tan seriamente. La Biblia advierte sobre tal cosa: «Y como ellos no aprobaron tener en cuenta a Dios, Dios los entregó a una mente reprobada... [ellos son] inventores de males...» (Romanos 1.28–30).

Con la tecnología actual en la industria del entretenimiento, hay pocos límites que prevengan que algunos entretenimientos sean vistos o escuchados por personas de cualquier edad y en cualquier nación. La revista brasileña en línea *Hell Divine* [Divino infierno] ha producido su sexta compilación de música *heavy-metal* por bandas brasileñas y portuguesas. Titulada *Upcoming Hell, Volume VI* (Infierno venidero, volumen VI) incluye música de bandas tales como Hell Arise, Sacredeath, The Black Coffins y Warfire.[34]

El infierno es cualquier cosa menos divino; es un lugar de tormento (Lucas 16.19–26). El infierno no está por venir; está en «las tinieblas de afuera» (Mateo 8.12). El infierno no es un lugar de muerte sagrada, sino que es un lugar de tormento perpetuo (Apocalipsis 14.11). El infierno no subirá; será una realidad en las profundidades de las almas no arrepentidas (Mateo 25.46).

PREOCUPADOS CON EL INFIERNO

Muchos géneros musicales están también preocupados con el tema del infierno. El grupo de rock pesado Metálica canta sobre vender un alma al «Ángel de abajo».[35] La banda australiana de rock pesado AC/DC llamó a uno de sus álbumes *Highway to Hell* [Autopista al infierno] y su canción titular anuncia que el cantante va por ese camino.[36] La canción «Satanachist» de la banda Venom incluye la letra: «Yo predico sobre los caminos de Satanás».[37]

Parece que existe una actitud de alarde en la cultura de hoy acerca de la idea de ir al infierno; sin embargo, en la Biblia no hay ni siquiera un ejemplo de alguien que desee ir allí. De hecho, Jesús contó la historia de un hombre sufriendo en el infierno que clamó: «Ten misericordia de mí... moja mi lengua; porque estoy atormentado en esta llama» (Lucas 16.23–24).

Todos los sentidos y la personalidad de este hombre estaban funcionando. Podía ver, podía oír, podía hablar, podía gustar, podía sentir y podía recordar. Lo que *no* tenía era esperanza. Rogó que alguien fuera a advertir a sus cinco hermanos del tormento del infierno, diciendo: «Si alguno fuere a ellos de entre los muertos, se arrepentirán» (v. 30). Pero la verdad es que Uno vino de entre los muertos —el Señor Jesucristo— y la humanidad lo rechazó. Mientras rechazar el infierno no significa aceptar a Cristo, rechazar a Cristo significa, ciertamente, el infierno.

Una banda llamada Heaven & Hell grabó un álbum en Gales titulado «The Devil You Know» [El diablo que conoces]. La carátula del álbum es una adaptación de una pintura titulada *Satanás* y presenta los números 25 y 41. Un miembro de la banda explicó que los números los tomaron de Mateo 25.41: «Entonces dirá también a los de la izquierda: Apartaos de mí, malditos, al fuego eterno preparado para el diablo y sus ángeles».[38]

Sacar fuera de contexto un versículo bíblico a menudo causa confusión y falta de entendimiento. Sin duda, un versículo como este por sí solo puede sonar duro y falto de amor. Sin embargo, Jesús estaba hablando de juicio, y no de amor. Pongamos el resto de la historia en su contexto apropiado y revisemos Mateo 25.41.

Jesús estaba hablando a una numerosa multitud, sentado en el Monte de los Olivos y mirando hacia la ciudad de Jerusalén. Les estaba enseñando sobre su reino que vendría, explicando la verdad sobre la justicia y el juicio.

No perdamos de vista la calidez del llamado que hace solo unos versículos antes. Este es el corazón del Salvador que busca a los perdidos. «Entonces el Rey dirá a los de su derecha: Venid, benditos de mi Padre, heredad el reino preparado para vosotros desde la fundación del mundo» (Mateo 25.34). Jesús sigue hoy día extendiendo su invitación. «Venid a mí, todos los que estáis trabajados y cargados, y yo os haré descansar» (Mateo 11.28).

Jesús estaba diciendo a la multitud que desde el principio de los tiempos Él ha provisto de una vía de escape. El hombre puede escoger Mateo 25.34, pero si rechaza a Cristo quedará justo en el centro de Mateo 25.41.

Porque de mal en mal procedieron, y me han desconocido... Su morada está en medio del engaño; por muy engañadores no quisieron conocerme, dice el Señor.

(JEREMÍAS 9.3, 6)

¿Está usted del lado de Jesús o del lado de Satanás? Porque para el hombre solo hay dos opciones. Déjeme decirle donde está Jesús: a la diestra de Dios el Padre. Así como colgó de la cruz con sus brazos abiertos, Él está con sus brazos abiertos para dar la bienvenida a su reino a todo el que se arrepienta, se vuelva de su pecado, reciba su regalo de la salvación —la vida eterna— y viva en obediencia para Él. Si usted aun no ha decidido su destino en la nueva vida, ¿por qué no hacerlo ahora mismo?

El infierno será un desastre

Hay personas que creen que hacer el bien a los demás los librará del infierno, pero desde el mundo de los billonarios viene una afirmación del influyente Ted Turner, nombrado en 1990 como Humanista del Año.[39] En respuesta a una afirmación sobre Cristo muriendo en la cruz, Turner dijo: «No quiero que nadie muera por mí. Me he tomado unos cuantos tragos y he tenido algunas novias, y si eso me va a llevar al infierno, pues que así sea».[40]

En un discurso ante el National Press Club en 1994, el señor Turner dijo:

> El cielo va a ser un lugar tremendamente esbelto y la mayoría de la gente que conozco no va a estar allí... El cielo va a ser perfecto, y yo de verdad no quiero estar allí... Los que vayamos al infierno... que es la mayoría que está aquí... tendremos la oportunidad de mejorar las cosas porque el infierno está supuesto a ser un desastre y el cielo una perfección. ¿Quién quiere ir a un lugar que es perfecto? Me suena a aburrimiento y más aburrimiento.[41]

En una entrevista en el 2003, el señor Turner dijo: «He nacido de nuevo siete veces, incluyendo por Billy Graham».[42] Me gustaría poder sentarme con el señor Turner, mirarlo a los ojos y contarle del amor redentor de Dios y del juicio justo del Rey de los cielos. El verdadero significado de la palabra *justicia* es honorable, respetable e irreprochable. Todo lo que Jesús hace, incluyendo el juicio, es puro y digno de confianza. La Biblia dice:

> La obra [de Dios] es perfecta;
> Porque todos sus caminos son rectitud...
> Él es justo y recto.
>
> (Deuteronomio 32.4)

Todos en el infierno recordarán su oportunidad de ir al cielo y comprenderán la perfecta justicia de su destino final.

Recuerdo a un profesor en la escuela bíblica que decía: «Nunca prediques sobre el infierno sin lágrimas en los ojos». Por eso no puedo leer tal testimonio sin que produzca en mí una gran tristeza. Dios ama las almas de hombres y mujeres. Jesús murió por las almas de la humanidad. Pero la Biblia dice que el Espíritu de Dios no «contenderá para siempre» (Génesis 6.3).

He predicado el evangelio por más de setenta años y siempre he sido claro en señalar que la salvación viene únicamente a través de Cristo. Yo no puedo salvar a nadie, pero he tratado de decirle a todo el que me quiera escuchar que Jesús murió una vez por los pecados de la humanidad y que la salvación es una transacción única entre un individuo y el Señor Jesucristo. Y sobre los que «son salvos» continuamente sin conocer la transformación de sus almas, su acto de arrepentimiento ante el Dios santo puede carecer de sinceridad.

Muchos dicen que si recibieran una señal milagrosa de parte de Dios, podrían creer. Pero la obra más milagrosa de Dios es transformar el corazón del pecador en un alma comprada con sangre que lo ame plenamente. Dios conoce el corazón de cada persona, y anhela aplicar sobre él o ella su sangre redentora, para así lavar la oscuridad del pecado y el temor al juicio eterno. Pero cada individuo debe venir a Jesús en quebrantamiento, y cambiar el pecado por salvación.

Hablamos del sacrificio que Jesús hizo por nosotros, pero rara vez hablamos del sacrificio que Él espera de nosotros. Si bien la salvación es puramente la obra de Jesús en la cruz, nuestra aceptación de esa obra depende de nuestra sinceridad. La Biblia dice:

Los sacrificios de Dios son el espíritu quebrantado;
Al corazón contrito y humillado no despreciarás tú, oh Dios.
(SALMOS 51.17)

He extendido la invitación de Cristo a personas alrededor de todo el mundo, diciendo: «Vengan tal como están». Pero cuando vengan, deben dejar atrás su rebeldía y someterse porque en ese momento de arrepentimiento el Salvador de sus almas llegará a ser el Señor de sus vidas. Esta verdad absoluta determina el cielo o el infierno para todos nosotros.

FILOSOFÍA O VERDAD

La humanidad ha intentado explicar la verdad a través de la filosofía —que es simplemente sabiduría humana sin autoridad. En la Biblia se plantea esta pregunta: «Así que, ¿dónde deja eso a los filósofos, a los estudiosos y a los especialistas en debates de este mundo? Dios ha hecho que la sabiduría de este mundo parezca una ridiculez... Dios, en su sabiduría se aseguró de que el mundo nunca lo conociera por medio de la sabiduría humana» (1 Corintios 1.20–21, NTV). Los antiguos estudiosos, filósofos y especialistas en debates están muertos, pero estamos oyendo a nuevos estudiosos, filósofos y especialistas en debates a través de cada medio de comunicación. Y todavía el mundo sigue en revuelo tratando de descubrir la paz. Todavía la humanidad busca frenéticamente la verdad. Escuche lo que dice la Biblia: «Estad *quietos*, y conoced que yo soy Dios» (Salmos 46.10, énfasis del autor).

La humanidad prefiere poner su confianza en sus propias ideas, en lugar de hacerlo en la autoridad de la Palabra de Dios. El ser humano rechaza la sabiduría de Dios porque lo rechaza a Él; y por lo tanto, dice que su mensaje de verdad es una tontería.

Hay estudios que revelan que la mayoría de las personas cree en algún tipo de infierno, y naturalmente lo igualan al lugar de condena de Satanás. Es posible que no crean que se trate de un sitio literal; es decir, hasta que usted menciona nombres de genocidas como Adolfo Hitler, Joseph Stalin, Pol Pot y Osama bin Laden, o asesinos en serie como Charles Manson y Jeffrey Dahmer. Entonces, ellos no cuestionan su derecho a juzgar, y dicen que estas personas merecen el infierno. ¿Por qué? Porque ellos juzgan según su propia definición de maldad.

Les preguntaría a esas mismas personas qué juicio emitirían contra los vendedores de drogas responsables por la destrucción de menores, o los embaucadores que engañan a ancianos, o los conductores ebrios que siegan las vidas de ciudadanos respetuosos de las leyes, o los pedófilos que violan niños robándoles su inocencia, o los que maldicen el nombre de Aquel que dio su vida por ellos.

A menudo, estas son las mismas personas que piensan que tienen más capacidad de amar que el Salvador del mundo. Creen que pueden amar más que Cristo porque dicen estar dispuestas a «vivir y dejar vivir», y que Dios debería hacer lo mismo.

Esto es simplemente arrogancia. Solo el Dios del cielo tiene derecho a juzgar y Él ha confiado esta tarea a Aquel que sufrió la agonía suprema y pagó por ese derecho con su propia sangre. «Porque el Padre a nadie juzga, sino que todo el juicio dio al Hijo, para que todos honren al Hijo» (Juan 5.22–23).

No obstante, este Hombre que vino a salvar el mundo del mal, dijo: «Porque no envió Dios a su Hijo al mundo para condenar al mundo, sino para que el mundo sea salvo por él... pero el que no cree, ya ha sido condenado, porque no ha creído en el nombre del unigénito Hijo de Dios» (Juan 3.17–18).

Las personas condenan a los demás cuando hacen lo malo según sus estándares, pero resienten al Dios santo por mantener Su estándar. Este es el problema fundamental de los seres humanos: pensar que son más grandes que Dios. La sociedad le resta importancia a Aquel que vino para salvarles de la condenación de todo mal. Entonces, ¿por qué las personas maldicen el nombre de Jesús y piensan que tienen razón para cuestionar su juicio? ¿Por qué piensan que tienen el derecho de condenar a otros al infierno, mientras que ellas maldicen al Único que puede salvarlas de su propia condenación?

La Biblia responde a estas preguntas: «Y esta es la condenación: que la luz vino al mundo, y los hombres amaron más las tinieblas que la luz, porque sus obras eran malas. Porque todo aquel que hace lo malo, aborrece la luz y no viene a la luz, para que sus obras no sean reprendidas» (Juan 3.19–20).

¿Qué es el mal exactamente? La Biblia dice: «Porque la ira de Dios se revela desde el cielo contra toda impiedad e injusticia de los hombres que detienen con injusticia la verdad... de modo que no tienen excusa, pues habiendo conocido a Dios, no le glorificaron como a Dios» (Romanos 1.18, 20–21).

Con intención maligna, la humanidad siempre ha tratado de reducir a Dios a su nivel. Esta, de hecho, es una de las maneras en que los seres humanos emulamos a Satanás, quien desea estar al nivel de Dios, aunque jamás lo logrará. Sin importar que los seres humanos reconozcan o no a Dios como Creador, como todopoderoso, como omnipresente, eso no cambia el hecho de que Él es todas esas cosas. Si no lo cree, usted ha sido engañado.

¿Quiénes somos nosotros para denunciar su Persona? ¿Quiénes somos nosotros para desafiar su poder? ¿Quiénes somos nosotros para discutir sus afirmaciones? ¿Quiénes somos nosotros para rechazar su perdón?

Es a causa de su Persona que Él libera a la humanidad del pecado. Es a través de su poder que Él, al final, derrota a Satanás. Es por sus afirmaciones que Él manifiesta su gracia y misericordia para siempre. ¿Y cómo responde el mundo? Maldiciendo su nombre, denunciando sus motivos y creyendo que los seres creados son más altos que el Altísimo. Esto resume las obras de maldad del hombre.

UN MUNDO SIN CONTROL

¿Puede imaginarse qué pasaría en el mundo sin aplicación de la ley? No habría control y reinaría una maldad desenfrenada. El mundo ha sido testigo de lo que puede pasar cuando las fronteras de un país se transigen —los que tratan de hacer daño entran inadvertida y sigilosamente, y luego se atribuyen el mérito de las malas acciones que hacen abiertamente. ¿Por qué se justifica a personas y naciones que enjuician a los que causan daño, pero se piensa que podemos negarle a Dios el derecho de ejecutar su juicio santo?

Recuerdo a un joven que viajó con mi hijo Franklin al Medio Oriente. Llevaban alimento, ropa y medicinas a los refugiados en una zona en guerra. Este joven quería hacer una buena obra por la gente de aquel país, pero había un problema. No había tramitado su visa de entrada. Cuando trató de pasar por la aduana, el oficial encargado le dijo: «Lo siento, no reconocemos que tenga las credenciales para entrar». El joven había viajado una gran distancia, pero se tuvo que regresar.

Puede que usted diga: «Eso no es justo»; sin embargo, con anticipación se le había dicho que tenía que ir al consulado a solicitar el documento requerido, pero él pensó que con hablar lo dejarían entrar. Quizás creyó que con su gran sonrisa y una alegre disposición se las arreglaría bien. O que quizás explicando que venía a hacer un gran favor a la gente... Pero no fue justificado. Él no había cumplido con los requisitos del país y le negaron la entrada.

Este es un cuadro del cielo, tal como es revelado a través del telescopio de la Palabra de Dios. Usted debe pertenecer al reino de Dios mientras está en la tierra para pasar por las puertas del cielo en la vida venidera. La Biblia dice que el día viene cuando el Señor separará a la humanidad en dos grupos: los que han puesto su fe en Él y los que lo han rechazado (Mateo 25.31–46).

Pregunto entonces: «¿Por qué las personas que se oponen a Jesús mientras viven, quieren pasar la eternidad con Él en el cielo?». Nuestro nivel de bondad no cumple con el requisito para convertirnos en ciudadanos del país de Dios. El requisito es un corazón humillado y arrepentido. Pero, como hemos visto, la naturaleza humana nos hace resistir el entregar nuestra vida a otra vida. Esta es una barrera que evita que muchos vengan a Cristo. No están dispuestos a escuchar al Espíritu de Dios, quien les llama a rendirse a Aquel que les dice: «Ven».

No tenemos poder para crear; sin embargo, profanamos al Creador. No tenemos poder sobre la vida y la muerte; sin embargo, rechazamos al Dador de la vida. No podemos conocer el futuro; sin embargo, negamos a Aquel que tiene el futuro en sus manos. Hemos recibido conocimiento; sin embargo, denunciamos el conocimiento más valioso: la verdad de Dios. Aquellos que conocemos a Dios «conocemos el espíritu de verdad y el espíritu de error... Se ha perfeccionado el amor en nosotros, para que tengamos confianza en el día del juicio; pues como él es, así somos nosotros en este mundo» (1 Juan 4.6, 17).

Los seres humanos temen el juicio del infierno porque rechazan la justicia de Dios, que está justificada. Aceptar la verdad de Dios nos da la certeza de su amor en el día del juicio. La maldad de la humanidad está suprimiendo la verdad de Dios, y esto es abominación ante Sus ojos.

Una mezcla de lo bueno y lo malo

Norman Mailer, un escritor galardonado en dos ocasiones con el Premio Pulitzer, dijo:

> No me interesan los juicios morales absolutos... Solo piense en lo que quiere decir ser un hombre bueno o uno malo. ¿Cuál es, a fin de cuentas, la medida de diferencia? ... Digamos que yo soy sesenta por ciento malo y cuarenta por ciento bueno, ¿acaso debo sufrir un castigo eterno por esto? ... El cielo y el infierno no tienen sentido si la mayoría de los seres humanos es una mezcla compleja de bueno y malo. Esto es casi imposible de considerar.[43]

Pues, considérelo, mi amigo, porque Jesús dijo: «Lo que es imposible para los hombres, es posible para Dios» (Lucas 18.27). Las palabras de Mailer son un ejemplo del hombre que piensa que es bueno, pero está lleno de orgullo y engaño.

Se cuenta la historia de unos hermanos adolescentes que le pidieron dinero a su papá para ir al cine con sus amigos. Al tanto del tipo de película que querían ir a ver, el padre les dijo que no.

Los hermanos defendieron su interés en ir al cine diciéndole que había solo unas cuantas malas palabras y una escena menor de inmoralidad, pero que el resto era una hermosa historia de amor con un alto grado de aventura. El padre siguió negándoles el permiso.

Contrariados, los muchachos se retiraron a sus cuartos y se quedaron allí hasta que se los llamó a cenar. Cuando llegó el momento del postre, la madre trajo una bandeja de tortitas glaseadas con chocolate recién horneadas. El padre les cortó unos buenos trozos a los muchachos y les dijo: «Mamá les hizo su postre favorito, pero hay algo que deben saber antes de comérselo. Le pedí que añadiera un poco de estiércol a la mezcla antes de hornearlos».

Los muchachos apartaron los platos y echaron sus sillas para atrás, alejándose de la mesa.

—¿Cómo se les ocurrió algo así? —se quejaron.

—¡No se preocupen! —les respondió el papá— fue solo un poquito. ¡Disfruten su postre!

Aquella lección —ambos dirían más adelante en sus vidas— sirvió para recordarles que solo hace falta una nimiedad para corromper. De más está decir que todo el postre fue a dar a la basura.

El hombre pecador piensa que es bueno, pero lleva en él la semilla del pecado. Es Dios quien es bueno y misericordioso para perdonar al pecador, y luego plantar la semilla de santidad dentro de su corazón. La Biblia dice: «Ninguno que haya nacido de Dios practica el pecado, porque la semilla de Dios permanece en él; no puede practicar el pecado» (1 Juan 3.9, NVI). Cuando Dios mira al hombre transformado, Él ve la obra redentora de su Hijo, quien vuelve a hombres y mujeres de la oscuridad a su luz maravillosa.

Permítame dirigirle a Aquel que se preocupa por usted. Verá, escapar del infierno no es lo más importante. Lo más importante es el corazón del mensaje de Dios al hombre, escrito en sangre: «Él puso su vida por nosotros» (1 Juan 3.16).

Aun en esta cultura cínica y egocéntrica, ¿le damos la espalda fácilmente a alguien que se sacrifica por nosotros? No. La mayoría se siente en deuda, y demuestra un espíritu de gratitud y servicio hacia la persona que hizo el sacrificio.

Cuando el ser humano cree que es lo suficientemente bueno y que es capaz de controlar su propio destino, prueba lo que la Biblia dice en 2 Timoteo 3.5: «Tendrán apariencia de piedad, pero negarán la eficacia de ella». Seguramente habrá quienes se sientan ofendidos por nuestros pensamientos sobre el infierno, pero Dios se siente ofendido por nuestra incredulidad respecto a Él. Creemos que podemos escondernos detrás de una máscara, pensando que somos buenos, que podemos burlarnos de la realidad del infierno, pero la Biblia dice que aquellos que ofenden a Dios se «echarán en el horno de fuego; allí será el lloro y el crujir de dientes» (Mateo 13.42).

Pero este no tiene por qué ser su destino. Lea lo que escribió un hombre después de salir de las tinieblas a la luz, uno que hasta había rechazado al Hijo de Dios. Más tarde, recordó con gratitud: «En otro tiempo también nosotros éramos necios y desobedientes. Estábamos descarriados y éramos esclavos de todo género de pasiones y placeres... pero cuando se manifestaron la bondad y el amor de Dios nuestro Salvador... él nos salvó... a la esperanza de... vida eterna» (Tito 3.3–7).

Este asesino, llamado Saulo, buscó y persiguió a los que eran seguidores de Jesús hasta que un día, yendo por un camino, escuchó el ruego de Dios de venir a Él (Hechos 9). El alma de Saulo fue reformada de pecador a santo. La voluntad de Saulo fue conformada de suya a la de Dios. Y Saulo, el hombre, fue transformado en Pablo, el apóstol, quien dio este profundo testimonio: «Palabra fiel y digna de ser recibida por todos: que Cristo Jesús vino al mundo para salvar a los pecadores, de los cuales yo soy el primero» (1 Timoteo 1.15).

No crea que para usted no hay esperanza. No se esconda detrás de burlas, simulaciones, humildad falsa y risas que el mundo aplaude. Jesús dijo de tales personas: «Vosotros sois los que os justificáis a vosotros mismos delante de los hombres; mas Dios conoce vuestros corazones; porque lo que los hombres tienen por sublime, delante de Dios es abominación» (Lucas 16.15).

Satanás está detrás de las cortinas del mundo, empujando a las personas para que entren a su mundo vil y malvado, usándolas como sus voceros para vituperar el nombre de Aquel que le sigue diciendo a un mundo perdido: «Ven». Huya del engaño de Satanás y del juicio de una eternidad sin Cristo, y venga al perdón eterno y cariñoso de Cristo, a su abundante paz y amor misericordioso.

¿Cómo sé que Él se preocupa por usted? Porque dice: «Ven». ¿Cómo sé que Él le ama? Porque «cuando aún éramos pecadores, Cristo murió por nosotros... por él seremos salvos de la ira» (Romanos 5.8–9).

Nada podría demostrar mejor el amor de Dios por nosotros que la provisión que Él ha hecho mediante el perdón de nuestros pecados. La esperanza en el Señor no es un deseo, sino la certeza absoluta de que el hombre puede ser arrebatado del fuego de destrucción y salvado a una nueva vida; cambiado por la misericordia de Cristo Jesús y declarado justo ante su trono de gracia.

Porque en esperanza fuimos salvos... con paciencia
lo aguardamos.
(ROMANOS 8.24–25)

CAPÍTULO OCHO

ÉL VOLVERÁ

Porque no nos ha puesto Dios para ira, sino para alcanzar
salvación por medio de nuestro Señor Jesucristo, quien
murió por nosotros, para que... vivamos juntamente con él.
Por lo cual, animaos unos a otros.

—1 Tesalonicenses 5.9–11

¿CREE USTED QUE ÉL VOLVERÁ? En espera de la respuesta, multitudes se dieron cita para el estreno de la anticipada película de Hollywood en el verano de 2012.

¿De quién estaban hablando? Del legendario súper héroe de las tiras cómicas de los años cuarenta, un paladín «con capa» que siempre vencía a sus «archivillanos». Batman había sido convertido en un ídolo por la prensa, la televisión y, más recientemente, por el teatro.

Cuando yo era niño, me encantaban las historietas, y leía y releía todas las que encontraba en mi camino. Las historias que leí enseñaban que las malas acciones terminarían siendo aplastadas y el bien siempre reinaría. Lo que una vez fue una forma de entretenimiento para niños se transformó en aventuras cósmicas para adultos, que encuentran deleite en un nuevo fenómeno de cultura popular: el surgimiento del mal recreacional. Muchos lo ven como una frivolidad hasta que su realidad llena los corazones con terror.

El 20 de julio de 2012, los fans llenaron las salas de cines para ver el estreno de la producción de Warner Brothers *Batman: el caballero de la noche asciende,* en la que los ciudadanos de la ficticia Ciudad Gótica se preguntaban si Batman volvería para salvar su estilo de vida cosmopolita de la aniquilación nuclear.

Si bien la trama es ficticia, reseña la gran búsqueda de la humanidad por entender el bien y el mal. Pero afloró una historia asombrosa cuando los malos —no el héroe bueno— captaron la admiración de los fans, al punto que muchos llegaron al cine disfrazados de villanos.

El periódico *The Telegraph* de Londres escribió que la película fue un «film de superhéroes sin un superhéroe»[1] porque la supuesta súper estrella titubeó en muchas formas y los ilustres criminales resultaron más encantadores para la imaginación desbocada de los espectadores. Un crítico comentó que Bane, el villano principal, «usaba una máscara [y] llenaba la morgue con inocentes»[2] y otro dijo que el personaje Tom Hardy «logró provocar emoción e intimidar a la audiencia usando solo sus ojos y la frente».[3] El director de la película, Christopher Nolan, agregó en una entrevista que el personaje era «muy complejo y muy interesante y... la gente se entretendrá mucho con él».[4] *Newsweek* dijo simplemente que «dejará boquiabierta a la audiencia».[5]

Tan electrizante fue la campaña publicitaria que la gente alrededor del mundo hizo filas a las seis y media de la mañana para comprar por anticipado sus tiquetes; mientras que otros, para evitar hacer cola, recurrieron a la Internet para comprar el derecho a ocupar los codiciados asientos.

Desde Australia a Corea y a Francia, la campaña publicitaria multimillonaria provocó una gran expectación entre los fans alrededor del mundo entero. Elaborados avances diseñados para seducir las emociones y cautivar a buscadores de entretenimiento revelaban fragmentos de la profecía de la trama: «Un fuego renacerá». Esta frase cruzaba de lado a lado la pantalla, una multitud de personas entonaba extraños cantos y en una escena, Gatúbela susurra al álter ego de Batman: «¡Se aproxima una tormenta, señor Wayne!».[6]

A pesar de la advertencia de que la película no era apta para menores de trece años, en el estreno a la medianoche del anunciado exitazo, padres llevaron a niñitos tan pequeños como de cinco años y llenaron el cine en Aurora, Colorado.

Mientras la audiencia miraba cautivada el drama de alta tecnología y exagerada violencia, un joven de veinticuatro años entró en la sala de cine, llevando una máscara anti gas y equipo táctico. Algunos espectadores que lo vieron pensaron que se trataba de un truco publicitario para promover la película. Pero no era así. Un ataque premeditado a la audiencia comenzó con bombas de gas lacrimógeno, seguido por municiones de dispersión. En cuestión de minutos, el caos se volvió una carnicería y la sala de cine se transformó en una siniestra escena de crimen.[7]

Cuando el ataque terminó, el autor del delito había desaparecido. Cuando lo capturaron, se presentó a sí mismo como «el Guasón».[8] Ciertamente, no había entretenido a la gente como lo hacía el villano en la trilogía de películas. En lugar de eso, había llevado a cabo con mucha precisión un plan horrendo, y había dejado víctimas gritando, gimiendo o muertas.

La película continuó proyectándose en la pantalla grande, pero ya los espectadores no esperaban que Batman volviera para salvar a la ciudad imaginaria. Los que lograron esconderse debajo de las butacas, estaban aterrados por el francotirador enmascarado. Algunos gemían y susurraban: «¿Creen que vuelva otra vez?». Días más tarde, los sobrevivientes de la tragedia afirmaban que, ciertamente, la noche oscura se había levantado. Una mujer que contó su experiencia, dijo: «Fui al cine creyendo que el bien se impondría sobre el mal, pero el mal volvió a triunfar. Siempre estaré pendiente del mal que se mantiene al acecho en la oscuridad».[9]

La intranquilidad de nuestro tiempo

Las noticias eran escalofriantes, mientras que la cultura popular era desenmascarada. Los observadores se preguntaban por qué la gente acudía en masa a ver películas que alimentan el miedo y depositan pensamientos mordaces en mentes inestables. ¿Podría ser por la razón que una mujer dio para explicar por qué ella y su familia frecuentan este tipo de películas? Ella dijo que le parecía *divertido* estar en un gran auditorio donde todos gritan en «terror santo». Durante la conversación, también dijo:

«Es un momento raro que parece unir a personas extrañas porque el pánico que proviene de la pantalla grande afecta a todos de la misma manera». Los fans en Aurora habían entrado a un mundo virtual antes de la medianoche, pero descubrieron que la noche oscura trajo una realidad indeseada y un dolor indecible.

Christopher Nolan también emitió un comunicado en el que dijo: «Ver cómo se desarrolla una historia en la pantalla grande es un pasatiempo importante y placentero... La idea de que alguien pueda violentar un lugar tan inocente y alentador en una forma tan intolerablemente salvaje es devastador».[10] Él no mencionó que tal salvajada había sido orquestada y promovida para el placer mundial. Uno podría preguntar: «¿Cómo es que la violencia puede ser un pasatiempo placentero?».

Un reportero de *Entertainment Weekly* escribió sorpresivamente:

> La trilogía «Batman: el caballero de la noche» captura la intranquilidad de nuestro tiempo: el estrés postraumático de tanta catástrofe, el miedo amenazante de que se avecina algo más y que posiblemente sea peor; la preocupación (y la negación) de que no estamos manejando bien todo este asunto y que está empeorando... Por mi parte, estoy listo para dejar atrás la noche oscura, y crear un futuro mejor y más auténtico.[11]

Por todas partes, la gente parece estar preguntándose: «¿Existe alguna esperanza de cambio para nuestra sociedad?».

Me sorprendieron estos sentimientos debido al resentimiento de la gente hacia el mensaje de la Biblia que predice que se avecina una gran tormenta. El fuego ascenderá; la batalla final entre el bien y el mal tendrá lugar, y el bien —no el mal— triunfará. ¿Por qué las personas aceptan la violencia del mundo como entretenimiento y pagan buen dinero para que Hollywood las mate del susto, mientras al mismo tiempo maldicen el mensaje de verdad cristiano, que les advierte del mal y les ofrece refugio contra el terrorista de las almas?

La misma gente que dice que los predicadores los asustan con tal violencia no están escuchando al antídoto. Pero *sí* hay esperanza de cambio para los corazones de la humanidad.

ESPERANZA Y CAMBIO

¿Estamos preparados para la esperanza y el cambio? La mayoría diría que sí. Esa idea cautivó a una nación y escoltó a un nuevo presidente a la Casa Blanca en 2008. Cuatro años después, los ciudadanos regresaron a las urnas, a pesar de sus esperanzas frustradas, y el presidente fue reelecto. Sin embargo, el mundo no había encontrado la esperanza que buscaba, aunque ha habido cambios.

La desesperanza abundaba. Noticias difundidas por la BBC, Al Jazeera, NPR, CNN, y hasta Facebook, publicaron artículos sobre «Esperanza y cambio en Israel».

Los titulares de prensa anunciaron una «Coalición para la esperanza y el cambio en Afganistán». La guerra continúa.

«¿Existe alguna esperanza de cambio en Sudán?». El ataque a los cristianos persiste.

«Los iraquíes tienen esperanza de cambio». Las cosas no lucen nada bien.

Un periodista ofreció un atisbo de esperanza: «Cómo hacer que se produzcan la esperanza y el cambio» —pero el artículo no ofreció ninguna solución.

Muy pocos están encontrando esperanza, tal como revelan en estas historias: «La juventud pierde sus esperanzas en Asia», «Sin cambios —esperanza reducida» (en el Medio Oriente) y «¿Por qué la esperanza y el cambio han muerto?» (en Estados Unidos). Los artículos no presentan a los lectores mucha esperanza de cambio. Pero un redactor planteó una pregunta interesante: «¿No estaremos buscando la paz en los sitios equivocados?».

La esperanza parece ser un artículo raro en nuestra sociedad actual. Las esperanzas en la ciencia, la educación y los programas sociales han probado ser huecas. Hemos rebasado el borde de la tecnología, consiguiendo mensajes al instante y comunicaciones globales, pero la tecnología también ha traído cabezas nucleares para destruir a aquellos con quienes nos comunicamos.

En 1968, John W. Gardner, secretario de Salud, Educación y Bienestar de Estados Unidos bajo el presidente Lyndon Johnson, dijo:

Más y más [personas] se sienten amenazadas por la tecnología desbocada, por las organizaciones gigantescas, por el hacinamiento. Más y más... están horrorizadas por los estragos del progreso industrial, por el destrozo de la naturaleza y por la fealdad provocada por el hombre. Si nuestra sociedad continúa a su ritmo presente, volviéndose menos habitable y, a la vez, más adinerada, les prometemos que acabaremos en una suntuosa miseria.[12]

Casi cincuenta años después, la gente sigue más intranquila, más pesimista y en total desesperanza.

Entonces, ¿dónde ponemos esperanza? ¿Qué deseamos cambiar? ¿Quién puede satisfacer nuestras esperanzas? ¿Y cómo cada uno de nosotros puede producir cambios que hagan este mundo mejor? Puedo decirle que nadie que pertenezca a la raza humana tiene la capacidad de hacerlo. Sus defectos son demasiado grandes. Hasta las mejores ideas de la humanidad se quedan cortas.

Los regímenes socialistas y comunistas intentan extender la opresión más allá de sus fronteras mientras que su gente sueña con huir de sus tiranías; estos pueblos quieren cambios, libertad. Las naciones gobernadas por la *sharia* quieren cambiar el mundo con su sello de represión, mientras su pueblo, en silencio, espera escapar de su enclaustrada existencia.

Los que se oponen a los cambios a menudo son ridiculizados, mientras que los que hacen campaña a favor del cambio reciben apoyo. Pero el objetivo del cambio es la clave. Cuando alguien intercambia lo bueno por lo malo, entonces el cambio se transforma en un agente del mal.

Pocos negarían que el mundo se ha beneficiado con los cambios en los medios de transportación. Hemos reemplazado el caballo con el automóvil, los buques de pasajeros con los aviones y las lámparas de aceite con la electricidad. Y si bien algunos países han ganado la libertad de la esclavitud, otros están en peligro de cambiar su libertad por la esclavitud. Hemos visto cómo la libertad de expresión da licencia para esparcir odio y cómo la tolerancia desvirtúa lo correcto y lo erróneo. Nos enorgullecemos de tener libertad, ¿pero libertad en qué? Algunas personas que aman la libertad, valoran las leyes que se fundamentan en estándares morales, mientras que otras luchan por leyes que defienden la degradación moral. Hay quienes quieren cambiar lo que Dios ha definido como malo y rotularlo como bueno. El cambio puede ser bueno, pero también puede ser muy malo.

Por lo tanto, es desconcertante pensar que aquellos que han disfrutado de libertad para vivir y adorar sin restricciones estén echando un ancla de esperanza en otros seres humanos que prometen cambios para mejorar, pero que no pueden cumplir. Algunos colocan arneses a la libertad y abren las compuertas del caos. Aun así, las personas claman por esperanza y cambio, cegadas al mal disfrazado de bien. Cuando la gente empieza a decir que «esperanza» es una palabra vulgar, le estamos echando un vistazo a la desesperación en el corazón humano. Definitivamente, la esperanza y el cambio según las definiciones del mundo no son las respuestas.

Walter Lippmann, columnista graduado de Harvard y ganador de un Pulitzer, dijo en una ocasión: «Para nosotros, el mundo entero está desordenado, es peligroso, indisciplinado y aparentemente ingobernable».[13] Lippmann murió en 1974 pero sus palabras no han perdido vigencia. ¿Quién puede vencer el peligro del mal y restablecer el orden? ¿Quién puede gobernar el mundo?

La respuesta llegará del cielo, sobre las nubes de gloria, cuando Aquel que es santo deje su trono en el cielo y traiga un cambio victorioso a este mundo cansado y envilecido. El Dios de esperanza dirá la palabra, y enviará a su Hijo desde el cielo a la tierra una vez más, porque este es el cumplimiento de toda su promesa al mundo entero. Él es el único Agente de Cambio que transforma la naturaleza humana cambiando su fuente de esperanza. Pero solo quienes han confesado y aceptado esta verdad le reconocerán en el gran día cuando Él venga otra vez.

¿Quién es este Hombre de esperanza? Su nombre es Jesucristo. La esperanza descansa únicamente en el Hijo de Dios, no en los negocios ni en los agentes de cambio de este mundo.

La verdadera esperanza y el cambio real están por llegar a este mundo. Ningún gobierno podrá evitarlo, ningún individuo escapará de él, quienes se niegan a abrazar su realidad no podrán anular la certeza de su llegada. El fin del mundo que conocemos tendrá lugar cuando Cristo vuelva a la tierra. Esta es una predicción fatídica para los burladores que se resisten a creer, pero es una esperanza gloriosa para los que saben que Él viene otra vez.

Un día, Jesucristo volverá en gran gloria... como Rey. ¿Está usted esperándolo?

EL OPTIMISMO PUEDE MATARLO

El almirante Jim Stockdale, uno de los oficiales de más alto rango en la Marina de Estados Unidos, sirvió en Vietnam, y pasó tiempo como prisionero de guerra en el infame «Hanoi Hilton». En una ocasión le preguntaron qué hombres no habían sobrevivido aquella prisión. Su respuesta fue inesperada: «Los optimistas». Y explicó: «Nunca se debe confundir la fe en que vas a prevalecer al final —esa no puedes darte el lujo de perderla nunca— con la disciplina necesaria para enfrentar los hechos más brutales de tu realidad actual».[14]

Esto es lo que enseña la Biblia. No podemos cantar victoria, esperando escapar del juicio de Dios, sin enfrentar y lidiar con la brutal realidad del pecado. El pecado es un asesino, y será masacrado en el Día del Juicio. Jesús dijo:

> Se levantará nación contra nación, y reino contra reino. Habrá hambres y terremotos por todas partes. Todo esto será apenas el comienzo de los dolores...
>
> En aquel tiempo muchos se apartarán de la fe; unos a otros se traicionarán y se odiarán... Habrá tanta maldad que el amor de muchos se enfriará, pero el que se mantenga firme hasta el fin será salvo. Y este evangelio del reino se predicará en todo el mundo como testimonio a todas las naciones, y entonces vendrá el fin. (Mateo 24.7–8, 10, 12–14, NVI)

La verdad no siempre es agradable, pero la verdad siempre es absoluta. Cuando el optimismo ignora la verdad, muere la realidad de la esperanza.

ESPERANZA Y AMOR

La verdad sobre la esperanza en Dios se encuentra en su Evangelio glorioso, las Buenas Nuevas de salvación, motivada por la más grandiosa palabra de cuatro letras: *amor.* El verdadero amor siempre hará sonar la alarma y señalará el camino para escapar. Los atributos de Dios no pueden comprenderse, deben seguirse. La Biblia dice que Dios es «benigno para con los ingratos y malos» (Lucas 6.35).

Entonces, usted tal vez se pregunte cómo Dios puede mantenerse al margen y dejar que la gente muera en su pecado. Él no se mantuvo al margen, envió a Su Hijo a la cruz. Tampoco se mantiene al margen hoy día y les da la espalda a los pecadores, sino que extiende hacia ellos su brazo de salvación. ¿Va a acercarse a Él y a tomar lo que amorosamente le ofrece? ¿Está considerando a Dios?

Las Escrituras son muy claras en confirmar la paciencia de Dios, pero llegará el día cuando diga: «¡Basta!». La Biblia dice: «El corazón de los hijos de los hombres está lleno de mal y de insensatez en su corazón durante su vida» (Eclesiastés 9.3). Esto se revela todos los días en el mundo entero, incluyendo a Estados Unidos, una nación cuyo fundamento se edificó sobre las verdades principales del Dios Altísimo. En una ocasión mi esposa, Ruth, dijo: «Si Dios no castiga a Estados Unidos, va a tener que pedirle perdón a Sodoma y Gomorra».

No hace mucho, cuando la más preciada institución humana —el matrimonio— empezó a ser víctima de ataques brutales en mi estado de Carolina del Norte, me preguntaba qué hubiera pensado Ruth de Estados Unidos si todavía estuviera viva. En los pocos años que han pasado desde su partida, nuestra nación ha ido más cuesta abajo en la escala moral. Los abortos han segado la vida de millones de bebés, mientras el gobierno gasta dinero que no tiene para salvar a las ballenas. Sentimos indignación ante tanta violencia, pero pagamos por entretenimientos que glorifican la violencia.

La sociedad procura evitar cualquier posibilidad de ofender a alguien —excepto a Dios. Pero mientras más nos alejamos de Dios, Estados Unidos —y el mundo entero— pierde más el control. La indulgencia egocéntrica, el orgullo y la falta de vergüenza sobre el pecado son los emblemas del estilo de vida de nuestra cultura popular. Mi corazón sufre por las naciones y su gente engañada.

Hubo una época cuando otras naciones miraban a Estados Unidos y deseaban emular lo que nos había hecho grandes. No fue la prosperidad y vivir «el sueño americano» lo que hizo grande a Estados Unidos, sino la reverencia a Dios y vivir de acuerdo con su Palabra. Los resultados fueron bendiciones innumerables. Dios usó a Estados Unidos para esparcir el Evangelio por el mundo. Ahora, vemos a muchos de sus ciudadanos mostrándole los puños al Dios todopoderoso.

¿Cómo escaparemos de nuestra propia oscuridad pecaminosa? ¿Cómo nos levantaremos de la noche oscura y cambiaremos una existencia desoladora por una luz de esperanza para una vida mejor?

Las respuestas a estas preguntas se encuentran en la Palabra de Dios. Pero dentro de las respuestas está la realidad de que se acerca un día de condenación para muchos. Esto no es una historia de ficción. Es una verdad fiable. La Biblia nos dice que Jesús volverá en gran gloria. ¿Está usted esperándolo?

Él no es un paladín con una capa... Él es el Cristo crucificado. Él no es un superhéroe que falla... Él es el Salvador que rescata. Él no es fantasía... Él es el Maestro. Él no es una leyenda... Él es el Señor. Él no es alguien creado por la imaginación... Él es el favorecido de Dios. Él no es un ícono... Él es el Intercesor. Él no es una fuerza... Él es el Perdonador. Él no es imaginario... Él es infalible. Él no desaparece sin dejar rastro... Él redime hasta el final. Él no es un ganador virtual... Él es el Victorioso. Él no se parece a la esperanza... Él es la resurrección de la Esperanza. Él no es un revolucionario... Él es el Gobernante justificado. Él no es un caballero escondido... Él es el Rey que volverá.

La Biblia dice la verdad sobre el lado oscuro de la naturaleza humana y sobre el futuro oscuro de los que rechazan la oferta de salvación de Dios. No sería sincero con usted si solo le contara sobre el final feliz. La verdad es que habrá un final glorioso, pero no podemos ignorar la advertencia de la Biblia sobre un día que se acerca, cuando el pecado enfrentará su juicio final.

EL CABALLERO DE LA NOCHE O EL REY QUE VIENE

Dios no nos deja solos para que nos revolquemos en esta realidad aterrorizante. ¿Cómo lo sé? La Biblia nos dice que Cristo, el Resucitado, volverá un día muy pronto. Su nombre es Jesús, y Él vencerá al caballero de la noche del mal que se llama Satanás. Esta es la verdadera historia del bien contra el mal. Y es absolutamente real. El Victorioso y el villano se enfrascarán en una batalla. Y no hay duda sobre el resultado: el Rey Jesús derrotará al malvado. El villano, con toda su vileza, será echado a las entrañas de oscuridad. Su dominio será derribado para siempre. Mi amigo, esta es una buena noticia —es la esperanza real.

El Señor Jesucristo es el Dios de misericordia, y Él responde al arrepentimiento. Esto lo vemos en el relato bíblico de Nínive, la única súper potencia mundial de su tiempo —rica, despreocupada, egocéntrica... y en la mira de Dios para su destrucción. Pero cuando el renuente profeta Jonás finalmente obedeció a Dios, viajó a Nínive y proclamó la advertencia de Dios, la gente escuchó y se arrepintió, y Nínive se salvó.

Ahora bien, las preguntas que deben contestar aquellos que están alejados de este Dios misericordioso son: «¿Se va a aliar con el villano y va a seguirlo al lugar de juicio eterno, o se va a distinguir como alguien que pertenece al Vencedor, el Señor Jesucristo? ¿Confesará que ya se terminó su noche oscura y se acercará a la luz de la salvación del Señor? ¿Ascenderá hasta las alturas de la gloria del Rey o se hundirá en la noche de oscuridad de una condenación eterna?».

Algunos tal vez digan: «Usted me quiere asustar». Si se le diera la oportunidad de conocer a un rey, ¿rechazaría la invitación porque tiene miedo? ¿O se apresuraría a vestirse con su mejor atuendo y esperaría pacientemente su audiencia real? La respuesta está en si va a ser recibido por el rey como aliado o como enemigo. Si ha obedecido al rey, esperará con ansiedad el poder estar ante su presencia. Pero si sabe que ha estado en contra del rey, sentirá terror ante la idea de estar frente a él.

Vemos al mundo pateando a Dios fuera de los colegios, del gobierno, del matrimonio, del hogar y hasta de la iglesia. Sin embargo, cuando el terror le golpea, la gente junta sus manos, cae de sus rodillas y le suplica a Dios que le ayude en su tiempo de angustia, que le libere de la carga, y clama por un resultado diferente.

He aquí el mensaje de Dios para usted: «Venid a mí... Aprended de mí, que soy manso y humilde de corazón; y hallaréis descanso para vuestras almas; porque mi yugo es fácil, y ligera mi carga» (Mateo 11.28–30).

No espere que la tragedia lo golpee antes de volverse a Él. Dios está esperando que venga a Él ahora. No espere que llegue el día de la condena. Será demasiado tarde. Y cuando venga a Él, debe permanecer con Él.

Mi amigo, un día, todos nos presentaremos ante el grande y poderoso Rey de los cielos. La Biblia nos da esta esperanza maravillosa. Usted no tiene que sentir temor por este acontecimiento que se avecina. La Biblia habla del juicio que vendrá sobre aquellos que han rechazado a Cristo, pero también deja claro que los que han recibido al Salvador pueden esperar el momento de su regreso con expectativa emocionante.

Por esto las Escrituras insisten en esta advertencia: «Prepárate para venir al encuentro de tu Dios» (Amós 4.12; ver también Mateo 24.44 y 1 Juan 2.28). ¡Qué orden más maravillosa! ¡Qué esperanza más gloriosa!

LA ADVERTENCIA AMOROSA DE DIOS

Este fue el mensaje del profeta doliente, Jeremías, en el Antiguo Testamento. Se le conoce como el profeta del juicio, llamado para advertir al pueblo que el juicio vendría si no se arrepentían. Los israelitas se negaron a escuchar la advertencia de Dios en el sentido que debían volverse de sus caminos pecaminosos. Ni siquiera la familia de Jeremías creyó el mensaje que Dios le había dado, por lo que se sentía terriblemente solo.

Sin embargo, Jeremías conocía el amor fiel que movía al Señor a pedirle al pueblo que se arrepintiera de sus iniquidades. Y con denuedo proclamó: «Así ha dicho el Señor: He aquí que yo dispongo mal contra vosotros, y trazo contra vosotros designios; conviértase ahora cada uno de su mal camino, y mejore sus caminos y sus obras» (Jeremías 18.11).

Permítame insistir en que este es un mensaje esperanzador. Las advertencias de Dios siempre están fortalecidas con esperanza. ¿No se siente agradecido cuando suena la alarma de incendio, dándole la oportunidad para apagar las llamas o escapar de un fuego sin control? ¿No siente alivio al escuchar una sirena cuando está en problemas y sabe que su ayuda viene en camino? Si su barco comienza a hundirse, ¿rechazaría abordar un bote salvavidas? La Biblia nos presenta una advertencia razonable, y a la vez nos muestra una ruta de escape. ¿Va a hacerle caso al sonido de la sirena o se va a burlar del llamado del cielo?

Jeremías estaba sonando la alarma que anunciaba que se avecinaba una tormenta, y estaba señalando la forma de escapar de ella. Pero el pueblo lo ignoró. Se mofaron de la santa Palabra de Dios. Debido al amor extremo por la maldad que sentía el pueblo y a su lujurioso apetito por la iniquidad, se rebelaron voluntariamente y contestaron: «En pos de nuestros ídolos iremos, y haremos cada uno el pensamiento de nuestro malvado corazón» (Jeremías 18.12). ¿No le suena familiar esto en el día de hoy?

Perturbado por la noche de oscuridad que se aproximaba, Jeremías había orado a Dios:

Mi refugio eres tú en el día malo. Avergüéncense los que me persiguen... asómbrense ellos, y quebrántalos con doble quebrantamiento.

(JEREMÍAS 17.17–18)

¿Y cómo respondió el Señor a su siervo Jeremías? Mostró su paciencia y le mandó a que siguiera proclamando aquel urgente mensaje de Dios: «Ve y ponte a la puerta... y diles: Oíd la palabra del Señor» (vv. 19–20), advirtiendo al pueblo: «Guardaos por vuestra vida» (v. 21). Tristemente, «ellos no oyeron, ni inclinaron su oído, sino endurecieron su cerviz para no oír, ni recibir corrección» (v. 23). Y llegó la destrucción que predijo Jeremías.

Esta ciertamente no fue la primera vez, ni sería la última, en que Dios hablaría del día de la condena. Sus advertencias compasivas proveen una ruta de escape, un camino de salvación. Y con frecuencia, sus advertencias son seguidas de promesas llenas de esperanza. ¿Le está prestando atención a la advertencia o prefiere ir por otro camino? Mi amigo, el camino de Dios es el camino correcto —es el único camino.

ESCAPE DEL DILUVIO Y DEL FUEGO

Esto lo vemos en la historia épica de Noé, quizás el marinero menos marinero en la historia del mundo. Jesús habló de Noé, quien fue el primero en la Biblia en ser llamado justo. Jesús estaba prediciendo que vendría una noche oscura y equiparó esta advertencia con la que Dios le hizo al pueblo en los días de Noé, de que la destrucción vendrá sobre la tierra otra vez:

Porque habrá entonces gran tribulación, cual no la ha habido desde el principio del mundo... E inmediatamente después de la tribulación de aquellos días, el sol se oscurecerá, y la luna no dará su resplandor, y las estrellas caerán del cielo, y las potencias de los cielos serán conmovidas... entonces lamentarán todas las tribus de la tierra, y verán al Hijo del Hombre viniendo sobre las nubes del cielo con poder y gran gloria... Mas como en los días de Noé, así será la venida del Hijo del Hombre. Porque como en los días antes del diluvio estaban comiendo y bebiendo, casándose y dando en casamiento, hasta el día en que Noé entró en el arca, y no entendieron hasta que vino el diluvio y se los llevó a todos, así será también la venida del Hijo del Hombre... Por tanto, también vosotros estad preparados; porque el Hijo del Hombre vendrá a la hora que no pensáis. (Mateo 24.21, 29–30, 37–39, 44)

Pedro también escribió acerca de los días de Noé:

Para que tengáis memoria de las palabras que antes han sido dichas por los santos profetas... sabiendo primero esto, que en los postreros días vendrán burladores, andando según sus propias concupiscencias, y diciendo: ¿Dónde está la promesa de su advenimiento? Porque desde el día en que los padres durmieron, todas las cosas permanecen así como desde el principio de la creación. Estos ignoran voluntariamente, que en el tiempo antiguo fueron hechos por la palabra de Dios los cielos, y también la tierra, que proviene del agua y por el agua subsiste, por lo cual el mundo de entonces pereció anegado en agua; pero los cielos y la tierra que existen ahora, están reservados por la misma palabra, guardados para el fuego en el día del juicio... El Señor no retarda su promesa... sino que es paciente para con nosotros, no queriendo que ninguno perezca, sino que todos procedan al arrepentimiento. (2 Pedro 3.2–7, 9)

La tierra fue destruida por agua antes de la primera venida de Cristo; y volverá a ser destruida, esta vez por fuego, en la segunda venida de Cristo, pero también será purificada. El fuego puede destruir, pero también purifica. En los primeros capítulos de las Escrituras vemos el mensaje de Dios reflejado en las aguas del diluvio que sumergió la tierra y casi podemos sentir el ardiente calor de que se habla en los últimos libros de la Biblia; llamas que envolverán la tierra, disolviendo sus elementos, acondicionando todo para el cumplimiento de la promesa.

¿Qué minero que descubre oro no lo somete al fuego purificador para descubrir su valor? Dios es el Maestro Minero y Refinador. La tierra le pertenece a Él, pero el pecado humano la ha contaminado. Él volverá para reclamar lo que es legítimamente Suyo, y ha invitado a todos los que han sido limpiados de pecado a reinar con Él en un nuevo Cielo y una nueva Tierra.

¿Puede ver el reflejo de la pureza de Dios en las llamas prometidas? Él no habitará en un planeta infestado por el pecado. Lo azotará con fuego que quemará la escoria. Restaurará a la humanidad y su hábitat a la condición prístina que tuvo en el principio. Para aquellos que creen en Él, no hay razón para temerle al fin porque el fin es el nuevo comienzo. Esta es una muy buena noticia; es el mensaje divino de gran esperanza para el mundo.

El corazón humano no cambia a menos que Cristo lo transforme. Los que creen que pueden ser buenos sin arrepentirse de su depravación total, sin humillarse ante Jesucristo que es el que redime a la humanidad caída, están empeñados en absurdos, como en los días de Noé:

> Y vio Jehová que la maldad de los hombres era mucha en la tierra, y que todo designio de los pensamientos del corazón de ellos era de continuo solamente al mal... Y le dolió en su corazón... Y miró Dios la tierra, y he aquí que estaba corrompida; porque toda carne había corrompido su camino sobre la tierra. (Génesis 6.5–6, 12)

Pero gracias a Dios que hubo un hombre que encontró gracia a los ojos del Señor. Solo ocho almas —Noé y su familia— sobrevivieron a la peor catástrofe que el mundo haya conocido jamás. La historia del gran diluvio ocurrió cuando los días de Noé estaban llenos de violencia. La gente amaba el pecado; en realidad, lo idolatraban; estaban hundidos en el pecado. El diluvio no fue una catástrofe natural, sino una catástrofe moral. Fue el juicio divino sobre un pueblo que no le creía a Dios y se reflejaba en sus actitudes y acciones. Así que Dios puso un plazo límite, y le advirtió a la gente que cambiara (arrepentirse del pecado) o se ahogarían en un diluvio. Pero su advertencia no carecía de una esperanza. ¿Cómo lo sé? Porque Dios le dijo a Noé que construyera un arca.

La Biblia nos enseña de tapa a tapa que viene un juicio. Pero aun en el juicio divino, Su amor predomina y su paciencia se alarga. Y Él nunca hace una advertencia sin ofrecer esperanza a quienes lo quieren escuchar.

Hoy día, todavía hay muchos que rechazan a Dios solo basándonos en la historia de Noé. ¿Por qué nos debe sorprender esto? Porque toda la población, excepto ocho almas, se burlaba de Noé mientras él predicaba que el juicio se acercaba. No ha cambiado mucho. El mundo sigue burlándose de los que proclaman la advertencia de Dios de que viene un juicio y que será seguido de una paz eterna. No deje de ver la advertencia y la promesa.

En 2012, aun en medio de una de las elecciones más caldeadas en la historia de Estados Unidos, vimos a varios miles de ciudadanos exigiendo que se removiera a Dios de la escena política nacional. No querían alinearse con *In God We Trust* (En Dios confiamos). Aparentemente, preferían confiar en gente imperfecta que no tiene control sobre el mañana.

Solo por medio de una fe profunda y duradera en lo que no podemos ver se puede confiar en Dios. El menosprecio de otros puede ser un explosivo poderoso a la fe en Dios de una persona si esta no ha recibido el poder de una fe absoluta en Él.

Piense en Noé. Dios lo hizo. La Biblia dice: «Noé halló gracia ante los ojos del Señor» (Génesis 6.8).

LA ADVERTENCIA DE CIEN AÑOS

¿Puede imaginarse lo que la gente habrá pensado cuando Noé empezó a derribar árboles y a construir una enorme arca en tierra seca, lejos de cualquier océano? Noé no la menor idea de cómo navegar en alta mar, y seguramente no sabía cómo construir un arca, a pesar de que Dios le dio instrucciones detalladas de cómo hacerlo. Pero Noé le creyó a Dios cuando le dijo que llovería y la tierra se inundaría, a pesar de que nunca antes había llovido así sobre la tierra. Aun así, durante un periodo de cien años, Noé cumplió fielmente la orden de Dios. La fe de Noé desafió la razón humana. A través de su obediencia, demostró fe en Dios y fue llamado justo.

Seguramente, este monumental encargo del cielo requirió que Noé contratara trabajadores para completar la obra encomendada por Dios. Aquellos hombres tienen que haber pensado que estaban haciendo un trabajo sin ningún propósito. Posiblemente tenían fe en su capacidad para construir un barco seguro, pero no tenían la fe suficiente para creer en la advertencia y saltar a bordo antes de que el agua empezara a caer desde el cielo.

Pero Noé creyó a Dios por fe en «la evidencia de las cosas que no se ven» (Hebreos 11.1). Esa es una fe auténtica. De tal manera reverenciaba a Dios, que preparó el arca para «que su casa se salvase, y por esa fe condenó al mundo, y fue hecho heredero de la justicia que viene por la fe» (v. 7). ¿Cree usted que se comprometería con un arca de salvación mientras está sobre tierra seca?

Me siento profundamente agradecido de que Noé y su familia confiaran en el Amo de los mares y Capitán de la barca. Noé no despegó sus ojos de Dios y Dios le dio las fuerzas para soportar el rechazo, la confianza para amonestar al mundo y la fe para recibir la justicia de Dios. ¡Cuán maravillosa es la paciencia de Dios con nosotros! Dios había extendido su amor, su paciencia y su misericordia al pueblo de los días de Noé en todas las formas posibles. Y el pueblo las rechazó todas.

Es difícil imaginar lo que estaba pensando Noé mientras ascendía por la rampa y entraba por la única puerta del arca. Como predicador, no puedo entender que alguien predique por ciento veinte años, como lo hizo Noé, sin ningún convertido. Una catarata de lágrimas debe haber corrido por su rostro al sentir que las olas alzaban el arca que lo alejaba a prisa de un mundo que había ignorado repetidamente su mensaje de advertencia.

¿Seguiría la gente ridiculizando a Noé y riéndose de él mientras el arca flotaba? ¿O escuchaba él los gritos desgarradores mientras el nivel del agua subía y la gente luchaba por alcanzar el arca de seguridad? De cualquier manera, ya era demasiado tarde. La gente había optado por el mundo que amaba y murieron tragados por las olas agitadas de su elección.

Hoy día, se considera intolerantes a los que denuncian al mundo por su inmoralidad e injusticia, pero la advertencia de Dios es una represión al pecado del hombre y su salvación no se concederá a aquellos que continúan en su pecado. Aquí, en las primeras páginas de la Biblia, vemos la realidad del pecado y la gran invitación de Dios para huir de él: «Ven y entra en el arca» (Génesis 7.1). Vemos la inmensa esperanza que Dios ofrece. Esta es la primera vez que la Biblia usa la palabra *ven*, y revela el corazón de un Dios salvador. A lo largo de todas las Escrituras seguimos oyendo esta palabra de invitación: *¡ven!*

Dios le había dicho a Noé que hiciera una ventana para que entrara la luz y solo una puerta para entrar por ella. No pase por alto el simbolismo de este cuadro maravilloso. Cristo es el arca de salvación. Él es la luz del mundo. Y Jesús también dijo: «Yo soy la puerta» (Juan 10.9): el único camino a la salvación.

Imagínese a bordo del arca durante un monzón de cuarenta días, navegando en el oleaje por meses antes de sentir que la nave se aposentaba en tierra seca. Durante un año o más, la familia de Noé de ocho personas experimentó la fiel protección de Dios, confirmando así el cumplimiento de la profecía de Dios, y entonces presenciar el favor de la promesa divina —un arcoíris— que afirmaba que la tierra nunca más sería destruida por agua.

Hoy día, tenemos la ventaja de mirar hacia atrás a la historia y ver lo que iba a ocurrir y ocurrió; sin embargo, nos hacemos de la vista larga ante lo que está ocurriendo ahora mismo y nos hacemos los sordos ante la advertencia de lo que está por ocurrir. Un periodista inglés comentó: «El mundo se encamina hacia una colisión con el desastre».[15]

Su venida es esperanza

Hoy día, el único punto brillante en el horizonte es la promesa de la segunda venida de Cristo. Este es el mensaje de Dios, y este es el mensaje que la Iglesia de Cristo ha sido llamada a proclamar. La Iglesia no se limita a un edificio ni a una denominación. La Iglesia —representada por la gente de Dios— ha recibido la encomienda de sonar la alarma para que la humanidad se arrepienta y se vuelva del pecado que reina en sus corazones humanos, tal como hizo Noé en su día.

Dios mantiene sus promesas y por eso podemos estar seguros de que el regreso de Cristo está cercano. Las Escrituras nos dicen que habrá señales apuntando hacia el retorno del Señor. Yo creo que todas estas señales son evidentes el día de hoy. Los que se niegan a arrepentirse no tienen esperanza. Viven en el miedo de lo que pasará cuando la vida, tal como la conocemos, llegue a su fin. Para ellos, la Segunda Venida de Cristo es predicación fatídica. Pero para quienes han puesto su esperanza en el Salvador del mundo, el futuro brilla como un haz de luz permanente en un mundo de oscuridad. Esto no es imaginación fantasiosa, sino el testimonio claro y reiterado de la Biblia.

Vivimos en un tiempo en que se pueden tomar las noticias del día en una mano y la Biblia en la otra, y ser testigos del desarrollo del gran drama de las edades a un mismo tiempo. Vivir esta época es excitante y emocionante. No hubiera querido vivir en ningún otro periodo de la historia. El Apocalipsis (el descorrimiento del velo del final de los tiempos) habla poderosamente de las tribulaciones por venir, con advertencia de tormentas que lleva una fuerte sacudida de la verdad. La advertencia es clara: prepárese para el encuentro con Dios, seguido por la voz del tierno Pastor: ¡ven!

Viene un mundo nuevo. El paraíso que el hombre perdió se recuperará. El día llegará cuando vivamos en un mundo nuevo. Un día, Cristo volverá para vencer el mal y establecer su gobierno perfecto sobre toda la creación. Pero hasta que llegue ese día, Dios quiere dar a todos una oportunidad de conocer a Cristo mediante el arrepentimiento y la fe. Independientemente de lo que diga la sociedad, no podemos seguir por mucho más tiempo en un mar de inmoralidad sin que venga el juicio. Nos encontramos en una encrucijada y hay profundos asuntos morales en juego. Es tiempo de retornar a la verdad bíblica.

El libro de Mateo habla claramente del juicio venidero en un perfil de noventa y siete versículos (capítulos 24–25), que presenta la condición en la que estará el mundo antes del retorno de Jesús a la tierra. Vemos a Jesús, como Rey, regresando y rehaciendo el mundo, y estableciendo su reino. ¿Conoce usted al Rey?

Mientras Jesús anduvo en la tierra, predicó el Evangelio del reino de Dios. Este es un mensaje que hasta la iglesia a veces deja de predicar aunque contiene las respuestas a las preguntas que tiene en mente la gente de hoy. ¿Está cerca el fin del mundo? ¿Será destruida la tierra? ¿Cuál es nuestro destino? Para el mundo todo esto es un gran misterio, pero la Biblia nos dice con absoluta seguridad que Jesús viene otra vez para traer el fin a la experiencia humana y conducir a una eternidad gloriosa a todos los que se mantienen con Él. La Biblia dice: «El día de Jehová viene» (Zacarías 14.1). Él es el Rey que viene, y con Él un reino celestial. ¿Está usted preparado para el fin de los tiempos?

El ya fallecido doctor, S. M. Lockridge, quien habló varias veces en la Billy Graham School of Evangelism, grabó un video en tributo a Jesucristo, el Rey de reyes. Vale la pena verlo. Este notable éxito de predicación fue combinado con imágenes y el video que resultó se extendió como un virus en YouTube. El video captura hermosamente el entusiasmo de aquellos que *saben* que Jesús viene otra vez. Me encanta lo que él dijo: «¿Conoce usted a Jesús?... Usted no puede vivir más tiempo que Él, ni puede vivir sin Él... ¡Ese es mi Rey!».[16]

Cuando Dios habló al profeta Isaías acerca de la salvación que vendría, le dijo que escribiera todo lo que oyera,

> para que en los días venideros
> quede como un testimonio eterno.
>
> (Isaías 30.8, NVI)

Y agregó:

> Por eso el Señor los espera, para tenerles piedad;
> ¡Dichosos todos los que en él esperan!
>
> (v. 18, NVI)

El regreso de Cristo se menciona a través de todas las Escrituras. Se nos dice que un día el mundo reconocerá que Jesucristo es Señor (Filipenses 2.10–11), que Jesús se sentará en su trono (Lucas 1.32) y que habrá un gozo universal entre los redimidos (Isaías 51.11).

¿Qué podemos hacer nosotros en preparación para este gran día? Creer en Él, quien asegura su salvación. Descansar en la esperanza de que Él le está purificando (1 Juan 3.3). Desear su inminente retorno. Esperar pacientemente que la promesa se cumpla (Hebreos 11.9–10). Vigilar en fe por su venida (Hebreos 11.13). Aguardar la esperanza bienaventurada (Tito 2.13).

La Biblia nos dice que el estado del mundo se irá oscureciendo según nos vamos acercando al fin. Esto es evidente cuando en las principales cadenas periodísticas seculares escuchamos afirmaciones como: «El mundo se ha vuelto loco», o preguntas como: «¿Hasta dónde vamos a llegar?».

El libro de Apocalipsis nos da las respuestas, y aunque muchos piensan que es difícil de leer y entender, es el único libro bíblico cuyo autor promete una bendición a los que lo leen. El fin del mundo que conocemos culminará con el regreso de Jesús como el Rey triunfante.

Yo estoy profundamente consciente de los problemas enormes que confronta el mundo hoy día y de la peligrosa tendencia que parece estarnos llevando al borde de Armagedón. El «dios de este siglo» (2 Corintios 4.4) ha enceguecido las mentes de los que no creen por lo que la luz del Evangelio de nuestro Señor Jesucristo no tendrá ningún impacto en ellos. La Biblia nos dice que el anticristo tomará el mundo por asalto, prometiendo prosperidad y paz. Su popularidad seducirá los corazones y engañará las mentes. La raza humana será presa de alborozo, creyendo que el anticristo resolverá sus dilemas y traerá tranquilidad global. Por eso la Biblia nos advierte: «Sed salvos de esta perversa generación» (Hechos 2.40). Pero cuando el Rey de gloria irrumpa en las nubes, revelará al mundo el gran engañador y reunirá con Él a todos los que pertenecen a Él.

No solo los cristianos sienten que algo está por ocurrir. El mundo sabe que las cosas no pueden seguir como van. La historia ha llegado a un punto muerto. Este mundo está en camino de una colisión. Algo está a punto de ocurrir. Con frecuencia creciente, comentaristas de los medios seculares hablan de Armagedón. *The Telegraph* en Gran Bretaña publicó un artículo titulado: «El reloj del día del juicio marca un minuto más cerca de Armagedón».[17] Un titular de noticia en Fox News habla de que se le está «Tomando el pulso a Armagedón».[18] Mientras periodistas especulan sobre el cronograma e intentan decodificar las señales, la verdad es que nadie, sino Dios mismo, sabe cuándo llegará ese tiempo. ¡Pero llegará!

Esto produce gran temor en mucha gente, pero ese temor puede vencerse por medio de la fe en Dios. Recuerde que mientras la Biblia hace sonar la alarma y llama a la humanidad a prepararse, también predice un futuro fabuloso para aquellos que confían en Él. Aquel que hace bien todas las cosas extraerá belleza de las cenizas de un mundo en caos. Nacerá un mundo nuevo. Un orden social nuevo emergerá cuando Cristo vuelva. Un futuro fabuloso se avecina. La segunda venida de Cristo será tan revolucionaria que cambiará cada aspecto de la vida de este planeta. Cristo reinará con justicia. Las enfermedades desaparecerán. La muerte será abolida. Las guerras erradicadas. La naturaleza será transformada. Hombres, mujeres y niños vivirán como la vida fue diseñada originalmente, en compañerismo mutuo y con Dios.

¿Le da esto la esperanza de un cambio real? Si no, le suplico que examine dónde se encuentra ante el Dios del juicio, pero con la esperanza segura de que Él es el mismo Dios de paz.

Alguien dijo una vez que hay tres días en la semana que no podemos controlar: ayer, hoy y mañana. Solo tenemos este momento para prepararnos para la eternidad. Para quienes lo posponen, ¿por qué esperar? Si piensa que puede limpiar su pasado para que la preparación sea viable, sus esfuerzos serán inútiles. Usted no puede cambiar su pasado, pero sí puede cambiar su futuro.

MI ESPERANZA

Tal vez fue la curiosidad lo que le motivó a leer este libro. Quizás ha pasado cada página buscando inspiración. Incluso es posible que haya estudiado cada palabra, buscando respuestas. Mi esperanza es que el mensaje que ha leído en este libro le guíe hasta el Libro de Dios, donde está la llave para la esperanza del mañana —la vida eterna— y que usted tenga la certeza de que su futuro estará seguro en las promesas de esperanza eterna que se encuentran únicamente en el Señor y Salvador Jesucristo.

¿Sabe? Llegará un día glorioso cuando el Señor Jesús abrirá el Libro de la Vida y leerá los nombres de los redimidos. Y «cualquiera que no se halle escrito en el Libro de la Vida [será] lanzado al lago de fuego» (Apocalipsis 20.15). ¿Conoce usted la voz del Salvador? ¿Lo escuchará llamando su nombre?

Yo escucharé cuando pronuncie el mío no porque haya predicado por más de setenta años. Ni porque haya hecho algo bueno. Yo escucharé mi nombre porque Sus ovejas oyen Su voz (Juan 10.27). El Señor Jesús ha oído mi confesión de pecado, el reconocimiento de mi necesidad y me ha alcanzado y me ha salvado. Él compró mi alma con su sangre.

¿Y qué de usted? ¿Está su nombre escrito en el Libro de la Vida? ¿Anhela usted oírlo cuando pronuncie su nombre? ¿Está listo para el final de la noche oscura? ¿Está listo para un nuevo día, un nuevo mundo, una nueva forma de vida? ¿Está listo para la provisión de Dios de una esperanza verdadera y un cambio auténtico?

Se avecina un día en el que habrá más conflicto que el que mundo jamás ha conocido. Los que pertenecen a Cristo Jesús soportarán persecución con esperanza, sabiendo que la justicia de Dios vencerá sobre la arremetida del pecado. ¿De qué lado está usted en la batalla del bien contra el mal?

Amigo, le puedo asegurar que si pertenece al Rey del Cielo, usted saldrá victorioso cuando llegue el fin del tiempo como lo conocemos. He leído la última página de la Biblia. Si usted conoce al Señor, todo irá bien. Jesús, el Inmutable, cuyas promesas nunca cambian (Malaquías 3.6), irrumpirá a través de la noche oscura y se alzará como el Campeón conquistador y reinante Rey de gloria.

El salmista escribió:

De Jehová es la tierra y su plenitud...
Porque él la fundó sobre los mares,
Y la afirmó sobre los ríos...
¿Quién estará en su lugar santo?
El limpio de manos y puro de corazón;
El que no ha elevado su alma a cosas vanas,
Ni jurado con engaño.
El recibirá bendición de Jehová,
Y justicia del Dios de salvación...
Alzad vuestras cabezas...
Y entrará el Rey de gloria.
¿Quién es este Rey de gloria?
Jehová el poderoso en batalla...
El es el Rey de la gloria.

(SALMOS 24)

En el último libro de la Biblia, Jesús dice: «¡He aquí, vengo pronto! Bienaventurado el que guarda las palabras de la profecía de este libro» (Apocalipsis 22.7).

¿Cree usted que Él viene otra vez? Yo no lo creo: yo *sé* que Él viene... y pronto. ESTA ES MI ESPERANZA.

Aguardando la esperanza bienaventurada y la manifestación gloriosa de nuestro gran Dios y Salvador Jesucristo, quien se dio a sí mismo por nosotros para redimirnos.
(TITO 2.13–14)

VIVIENDO LA VIDA CON ESPERANZA

HABLAR A ESTUDIANTES UNIVERSITARIOS HA sido siempre un gran privilegio para mí. Los jóvenes, por naturaleza, son buscadores de la verdad, aunque a menudo muchos se atascan en ideales teóricos que les impide conocerla. En cierta ocasión, un estudiante de segundo año se me acercó y me preguntó: «Señor Graham, usted no nos va a defraudar, ¿cierto?». Intrigado, le pedí que me explicara lo que quería decir. Y me respondió: «Por favor, díganos cómo encontrar a Dios. Es lo que necesitamos».

En otra universidad, un estudiante me dijo: «Escuchamos bastante sobre lo que Cristo ha hecho por nosotros, lo valioso de la religión y lo que es la salvación personal. Pero nadie nos explica cómo encontrar a Cristo».

Esta queja de un estudiante sincero se convirtió en mi reto para buscar una manera de explicar simple y llanamente cómo encontrar a Cristo. Este es el mensaje crítico y claro de la Biblia, y es mi deseo proclamar su verdad que transforma vidas.

Dios ha hecho el plan de salvación sencillo. Encontrar a Jesucristo y tener la certeza de su salvación es esencial para asegurar la vida eterna con Él en el cielo.

Primero, usted debe estar convencido de que necesita a Cristo. Si cree que se basta a usted mismo, que es capaz de satisfacer las necesidades de su vida según sus propias capacidades, entonces nunca lo va a encontrar. Una lectura de los Evangelios le revelará que Jesús no se impuso a sí mismo sobre los que se creían autosuficientes, justos ni seguros de sí mismos.

Antes que haya una respuesta de Cristo, debe haber un reconocimiento de su pecado y de su necesidad espiritual. Él vino no a llamar a justos, sino a pecadores a que se arrepintieran. Muchas promesas divinas se vinculan a una condición: «*Si* andamos en la luz... la sangre de Jesucristo su Hijo nos limpia de todo pecado... *Si* confesamos nuestros pecados, él es fiel y justo para perdonar nuestros pecados, y limpiarnos de toda maldad» (1 Juan 1.7, 9, énfasis añadido).

Segundo, usted debe entender el mensaje de la cruz. Muchos grandes teólogos jamás entendieron los misterios de la cruz. Muchos intelectuales han elaborado teorías sobre el por qué Cristo murió y la importancia eterna de su muerte. Ninguna de las teorías parece satisfacer. La Biblia dice que el hombre natural no puede comprender las cosas de Dios, entonces ¿cómo la gente puede entender la cruz antes que tener la seguridad cristiana? Es solo cuando entendemos que Cristo murió en lugar de los pecadores, por el pecado, que podemos hallar los elementos de satisfacción.

Es aquí donde está el milagro. Así como dijo el apóstol Pedro por revelación divina: «Tú eres el Cristo, el Hijo del Dios viviente» (Mateo 16.16) así, por un milagro, el significado de la cruz le será dado por el Espíritu Santo de Dios.

Recuerdo a un joven reportero en Glasgow que asistió a nuestras reuniones en Kelvin Hall como parte de su asignación de trabajo. Escuchó el Evangelio noche tras noche sin que, aparentemente, tuviera algún impacto en su vida.

Un día, sin embargo, un colega le preguntó: «¿De qué están hablando allí?». El joven periodista trató de explicar el Evangelio que había oído y, al hacerlo, se sorprendió diciendo: «Verás, esto es así: Cristo murió por mí... y Cristo murió por mis pecados». Y cuando lo dijo, de pronto se dio cuenta de que las palabras eran verdad. El significado completo del mensaje irrumpió milagrosamente en él y allí mismo recibió la salvación al reconocer su pecado, recibiendo la obra de Cristo en la cruz para el perdón de su pecado y comprometiéndose totalmente con Jesús.

Cuán viva y real se vuelve la cruz cuando el apóstol Pablo habla de ella: «Con Cristo estoy juntamente crucificado, y ya no vivo yo, mas Cristo vive en mí» (Gálatas 2.20). Cuando usted vea al Hijo del Dios allá arriba, golpeado, desfigurado, amoratado y muriendo por usted, y entienda que Él lo amó y que entregó su vida por usted, habrá dado el segundo paso hacia la seguridad de salvación cristiana.

Tercero, como ya ha leído, debe calcular los gastos, el costo. Esto fue lo que le expliqué a un estudiante que buscaba la verdad. Es importante notar que Jesús desalentó el entusiasmo superficial. Él instó a las personas a considerar el costo de ser su discípulo: «Si alguno quiere venir en pos de mí, niéguese a sí mismo, tome su cruz cada día, y sígame» (Lucas 9.23). Jesús dijo: «Calcula los gastos... cualquiera de vosotros que no renuncia a todo lo que posee, no puede ser mi discípulo» (Lucas 14.28, 33).

Como el joven rico de antaño, el estudiante que preguntó cómo encontrar a Cristo, se fue triste. Calculó el costo y no estuvo dispuesto a pagar el precio de reconocer abiertamente a Jesús como su Salvador. En lugar de eso, estimó que su autosuficiencia tenía más valor que la dependencia del Señor.

Cuarto, usted debe confesar a Jesucristo como el Señor de su vida. Siempre he pedido a la gente en mis reuniones que hagan confesión pública porque Jesús en su ministerio terrenal exigió un compromiso definitivo. Él tenía razones para exigir que la gente le siguiera abiertamente. Jesús sabía que un voto sin testigos no es voto. Hasta que no se haya rendido a Cristo a través de un acto consciente de su voluntad, no podrá considerarse un cristiano.

¿Ha dado ya este paso definitivo? La Biblia dice: «Mas a todos los que le recibieron, a los que creen en su nombre, les dio potestad de ser hechos hijos de Dios» (Juan 1.12).

Quinto, debe estar dispuesto a que Dios cambie su vida. Cuando usted viene a Cristo, espiritualmente es como un bebé. Cuando lee el Nuevo Testamento se da cuenta de cómo los discípulos, durante los primeros días de seguir a Jesús, flaquearon y con frecuencia fallaron. Discutieron, tuvieron envidia, fueron contenciosos, incrédulos y hasta se enojaron a menudo.

Sin embargo, a medida que se vaciaban de sí mismos y se llenaban con Cristo, desarrollaban la plenitud de la estatura de un cristiano. Esto mismo es lo que hace Cristo al capacitarle para caminar en una nueva vida con Él.

Muchos luchan porque quieren que Cristo camine con ellos, pero a los creyentes se les instruye a abandonar sus propios caminos y a caminar con Cristo. Él llega y nos salva, y luego nosotros nos colocamos completamente en Él. La conversión es el primer paso para esta nueva experiencia maravillosa. Una nueva vida comienza en el momento en que usted recibe a Cristo y el Espíritu Santo establece su residencia en usted. Por el resto de su vida, Dios estará ocupado amoldándolo a la imagen de su Hijo, el Señor Jesucristo. Esto es «el misterio que había estado oculto desde los siglos y edades, pero que ahora ha sido manifestado a sus santos, a quienes Dios quiso dar a conocer las riquezas de la gloria de este misterio... que es Cristo en vosotros, la esperanza de gloria... la cual actúa poderosamente en mí» (Colosenses 1.26–27, 29).

Una parte de calcular los gastos es darse cuenta que cuando ocurre esta transformación, el creyente se vuelve un blanco de Satanás, el enemigo de Cristo. Cuando usted anda en los caminos de Satanás por el mundo, a él no le importa mucho causarle problemas. Usted ya está en sus manos, usted es su hijo. Pero cuando se convierte en cristiano, en un hijo de Dios, Satanás hará uso de todas sus técnicas diabólicas para frustrarlo, para hacerlo tropezar y para derribarlo. ¿Ha considerado el costo?

Sexto, cuando usted es salvo, debe desear nutrirse de la Palabra de Dios. Sea fiel en leer la Biblia, y ore para que Dios le guíe y le fortalezca cada día. Busque el compañerismo de otros creyentes en la Iglesia de Cristo, y comparta su nueva fe con todos los que siguen desorientados, vagando en oscuridad. La iglesia es el Cuerpo de Cristo sobre la tierra y es importante juntarse con otros seguidores de Cristo para aprender y alentarse los unos a los otros.

No me puedo imaginar viviendo en un mundo sin la compañía de otros creyentes. En todos mis viajes alrededor del mundo, siempre hubo algo poderoso que ocurrió cuando supe que estaba en la presencia de otros creyentes. La Biblia lo llama el dulce compañerismo de los santos. A menudo, Dios nos da las fuerzas para vivir para Él a través de otros que también pertenecen a Él. (Puede ver algunos ejemplos en Deuteronomio 33.3; Salmos 50.5, 145.9–10; Hechos 2.41–42 y 2 Corintios 8.4.)

Al persistir en el estudio de la Biblia, en la oración y en la búsqueda del compañerismo con otros creyentes, se va a dar cuenta de su crecimiento espiritual. Jesús va a estar trabajando en usted y a través de usted, y podrá decir con Pablo: «Todo lo puedo en Cristo que me fortalece» (Filipenses 4.13). Verá cómo ocurren milagros a su alrededor suyo en la medida en que se discipline y ajuste su vida a los patrones de un auténtico cristiano.

¿Quisiera saber que cada pecado le ha sido perdonado? ¿Le gustaría saber que usted está listo para encontrarse con Dios? Podría ocurrir hoy, si está dispuesto a dejar que Cristo venga a su vida. La Biblia dice que «todo aquel que invocare el nombre del Señor, será salvo» (Romanos 10.13).

Él le está extendiendo una invitación. ¿Le abrirá la puerta de su vida ahora mismo? Puede hacerlo, orando honesta y sinceramente:

Dios, soy un pecador. Me arrepiento de mis pecados. Perdóname y ayúdame a dejar el pecado. Reconozco todo lo que has hecho en la cruz por mí y recibo a tu Hijo, Cristo Jesús, como mi Salvador. Lo confieso como mi Señor. Dame la fe que necesito para creer y confiar, mientras me guías en actitud de obediencia, confiando en ti para todas las cosas. Gracias por redimirme y hacerme tu discípulo. En el nombre de Jesús. Amén.

Ninguna oración transcrita le garantiza la salvación a un pecador, pero la Biblia nos dice claramente que tenemos que reconocer nuestro pecado y arrepentirnos, estar dispuestos a que Dios nos cambie y, obedientemente, seguir a Jesucristo.

Este es el paso más importante que alguien puede dar en la vida, y es el único camino a la verdad. Si usted ha comenzado esta nueva vida, ore y pídale al Señor que le dirija a una iglesia donde se estudie y se predique la Palabra de Dios, y donde pueda crecer en esa verdad y en su relación con Su pueblo. «Y el Señor añadía cada día a la iglesia los que habían de ser salvos» (Hechos 2.47).

Luego, por favor, escríbanos a la dirección que aparece a continuación para que podamos enviarle información que le ayude en su nueva jornada de vida con el Cristo resucitado. Dios le bendiga.

—Billy Graham

Escriba a:
Billy Graham Evangelistic Association
1 Billy Graham Parkway
Charlotte, NC 28201

NOTAS

INTRODUCCIÓN

1. Van Wishard, «Sleepwalking Through the Apocalypse», World Trends Research, http://www.worldtrendsresearch.com/articles/presentations/sleepwalking-through-apocalypse.html.
2. «World's Most Expensive Colored Diamonds» (presentación en transparencias), *Elle*, 18 noviembre 2011, http://www.elle.com/accessories/bags-shoes-jewelry/worlds-most-expensive-colored-diamonds-610199-10#slide-10.
3. «The Hope Diamond», Harry Winston, http://www.harrywinston.com/our-story/hope-diamond.
4. Richard Rorty, *Philosophy and Social Hope* (Londres: Penguin, 1999), pp. 204–208; http://www.answers.com/topic/hope#As_a_literary_concept.
5. Shawn Parr, «A Little More Hope Please», Fast Company, 11 julio 2011, http://www.fastcompany.com/1766473/little-more-hope-please.

CAPÍTULO 1: RESCATADO PARA ALGO

1. Laura Hillenbrand, *Inquebrantable: una historia de supervivencia, fortaleza y redención durante la Segunda Guerra Mundial* (Doral, FL: Aguilar, 2011). Ver también Lev Grossman, «Top 10 Nonfiction Books», *Time*, 9 diciembre 2010, www.time.com/time/specials/packages/article/0,28804,2035319_2034029_2034020,00.html.
2. La historia de John P. Coale ha sido tomada de una entrevista con Donna Lee Toney, fecha de transcripción 9 octubre 2012, usado con permiso.
3. Descripciones de la noche del naufragio compiladas de varias fuentes noticiosas, incluyendo las que aparecen abajo pero especialmente el reporte especial de Geraldo Rivera, *Fox News Reporting: Tragedy at Sea*, transmitida 22 enero 2012. Ver «Tonight—Tragedy at Sea: Geraldo Takes an In-Depth Look at the Italian Cruise Ship Crisis», *Fox News Insider*, 22 enero 2012. Video clips de este especial pueden verse en http://archive.org/details/FOXNEWS_20120129_060000_The_Five#.

4. «Costa Concordia Passenger: Titanic Theme Played As Ship Hit Rocks», *Huffington Post*, 18 enero 2012, www.huffingtonpost.com/2012/01/18/ titanic-theme-played-as-c_n_1213038.html.

5. Tom Kington, «Costa Concordia Purser: "I Never Lost Hope of Being Saved"», *The Guardian*, 15 enero 2012, http://www.guardian.co.uk/ world/2012/jan/15/costa-concordia-purser-saved.

6. Rivera, «Tragedy at Sea», http://archive.org/details/FOXNEWS_20120129_ 060000_The_Five#start/989.5/end/1019.5.

7. Kathleen B. Carr, Elizabeth Duffy y David E. Sigmon, «A "Small Technical Failure": Liability and Coverage Aspects Related to the Wreck of the Costa Concordia», Claims Management: Strategies for Successful Resolution, 7 febrero 2012, http://claims-management.theclm.org/home/article/Costa%20 Concordia%20liability%20insurance%20claims.

8. Stephen Cox, «The Titanic Effect», LewRockwell.com, 20 enero 2012, lewrockwell.com/orig5/cox-s6.1.1.html; http://wariscrime.com/new/the-titanic -effect/.

9. Ibíd.

10. «Divers Find 5 More Bodies in Costa Concordia Wreckage», CNN.com, 23 marzo 2012, http://www.cnn.com/2012/03/22/world/europe/italy-cruise-bodies /index.html. El número total de personas a bordo era aproximadamente de 4.200, incluyendo una tripulación de 1.000.

11. «The Titanic in Documents and Photographs», *The Record: News from the National Archives and Records Administration*, marzo 1998, http://www. archives.gov/publications/record/1998/03/titanic.html.

12. Stephanie Pappas, «Costa Concordia vs. Titanic: Do They Compare?», LiveScience, 18 enero 2012, http://www.livescience.com/18004-costa-con- cordia-titanic-comparison.html.

13. Rebecca Evans, Paul Harris y Nick Pisa, «Captain Coward: "I Only Left Because I Fell into Lifeboat When Ship Listed Suddenly as I Was Trying to Help"», *Mail* Online, 18 enero 2012, http://www.dailymail.co.uk/news/ article-2087704/Costa-Concordia-Captain-Francesco-Schettino-I-left-I- FELL-lifeboat.html.

14. Diane LaPosta y Tim Lister, «Concordia Disaster Focuses Attention on How Cruise Industry Operates», CNN.com, 4 julio 2012, http://articles.cnn. com/2012-07-04/world/world_europe_costa-concordia_1_concordia- disaster-cruise-industry-cruise-ship-disaster?_s=PM:EUROPE. Ver también Pappas: «Costa Concordia vs. Titanic».

15. Ver Fiona Ehlers y Christian Wüst, «Doomed Cruise Ship Prepares for Final Voyage», *Spiegel* Online International, 26 septiembre 2012, http://www. spiegel.de/international/europe/how-the-costa-concordia-will-be-salvaged -a-857683.html. Según este artículo, se hacían planes en septiembre 2012 para finalmente mover el barco en mayo 2013.

16. Geraldo Rivera, *Tragedy at Sea*, transcripción del autor. Clips pueden verse en http://archive.org/details/FOXNEWS_20120129_060000_The_Five#start/ 300/end/330, http://archive.org/details/FOXNEWS_20120129_060000_The_

Five#start/3389.5/end/3419.5yhttp://archive.org/details/FOXNEWS_20120122
_100000_The_Five#start/3420/end/3450.

17. Ver, por ejemplo, Evans, Harris y Pisa, «Captain Coward» y Pappas, «Costa Concordia vs. Titanic: Do They Compare?».

18. Eve Conant y Barbie Latza Nadeau, «The Hidden Horrors of Cruise Ships», *The Daily Beast*, 16 julio 2012, http://www.thedailybeast.com/newsweek /2012/07/15/concordia-aftermath-what-to-know-before-boarding-a-cruise -ship.html.

19. Kington, «Costa Concordia Purser», *The Guardian*, 15 enero 2012.

20. Michael Inbar, «Rescuer: I Thought Man Beneath Burning Car Was Dead», *Today Heroes & Angels*, NBCNews.com, 14 septiembre 2011, today. msnbc.msn.com/id/44499884/ns/today-good_news/t/rescuer-i -thought-man.

21. Michael Reagan, «Ronald Reagan at 10:00: The President, the Pope and the Medicine of Forgiveness», Opinion, Foxnews.com, 6 febrero 2011, www. foxnews.com/opinion/2011/02/06/ronald-reagan-president-pope -medicine-forgiveness.

CAPÍTULO DOS: LA GRAN REDENCIÓN

1. Joseph Darnell, «Redemption: What Makes a Good Story Great», podcast, *The American Vision*, 24 mayo 2011, http://americanvision.org/4549/redemption -what-makes-a-good-story-great-movieology.

2. Roger Ebert, «In Search of Redemption», diario de Roger Ebert, *Chicago Sun-Times*, 27 junio 2008, http://blogs.suntimes.com/ebert/2008/06/in_ search_of_redemption.html.

3. Bob Warja, «The 10 Best Redemption Stories in NFL History», *Bleacher Report*, 22 diciembre 2011, http://bleacherreport.com/articles/989483-the -10-best-redemption-stories-in-nfl-history.

4. Daniel Terdiman, «Study: Americans Sitting on $30 billion in Unused Gift Cards», *CNET News*, 24 enero 2011, http://news.cnet.com/8301-13772_3- 20029410-52.html.

5. «Redeeming a Barnes & Noble Gift Card or eGift Card at Barnes & Noble. com», Barnes & Noble, http://barnesandnoble.com/gc/gc_redeem.asp.

6. R. Cody Phillips, *Operation Just Cause: The Incursion into Panama*, folleto (Fort NcNair, DC: U.S. Army Center of Military History, n.d., ca. 1991), p. 3, http://www.history.army.mil/brochures/Just%20Cause/JustCause.pdf.

7. Timothy Lawn, «Operation Acid Gambit (1989)», Special Operations News, *Shadowspear Special Operations*, 28 abril 2009, http://www.shadowspear. com/special-operations/1458-operation-acid-gambit.html.

8. William G. Boykin con Lynn Vincent, *Never Surrender: A Soldier's Journey to the Crossroads of Faith and Freedom* (Nueva York: FaithWords, 2008), pp. 187, 190.

9. Lawn, «Operation Acid Gambit (1989)».

10. Boykin, *Never Surrender*, p. 191.

11. Don Winner, «Army Honors Kurt Muse on 20th Anniversary of Operation Just Cause in Panama», *Welcome to Panama Guide*, 26 diciembre 2009, http://www.panama-guide.com/article.php/army-honors-kurt-muse.
12. Boykin, *Never Surrender*, p. 209.
13. Ibíd.

Capítulo tres: El pecado está adentro
1. Cathy Lynn Grossman, «Has the "Notion of Sin" Been Lost?», *USA Today*, 22 febrero 2012, http://www.usatoday.com/news/religion/2008-03-19-sin_N.htm.
2. Ibíd.
3. Ibíd.
4. Ibíd.
5. Ibíd.
6. «15 Criminal Cases Solved with Digital Evidence», *Brainz: Learn Something*, http://brainz.org/15-criminal-cases-solved-digital-evidence.
7. Comentario en respuesta a una pregunta por FlyboyOz sobre «Do you Think That Sin Is Funny?», foro en línea en The Wings of the Web: Airliners.net, 14 mayo 2003, http://www.airliners.net/aviation-forums/non_aviation/read.main/391455.
8. Paloma Espartero, «Spain», capítulo 31 en *CEP: The European Organisation for Probation* (subido en documento PDF), párrafo 4.4.2, www.cepprobation.org/uploaded_files/Spain.pdf.
9. *Constitution of the Republic of South Africa*, 1996, sección 84.2.j, http://www.info.gov.za/documents/constitution/1996/96cons5.htm#84.
10. Wikipedia, s.v. «Pardon», última modificación 20 diciembre 2012, http://en.wikipedia.org/wiki/Pardon.
11. «United States vs. Wilson—32 U.S. 150 (1833)», Justia.com: US Supreme Court Center, pp. 150–53, http://supreme.justia.com/cases/federal/us/32/150/case.html.
12. Ibíd, p. 153.
13. Ethan Trex, «11 notable presidential pardons», 5 enero 2009, CNN Living, http://articles.cnn.com/2009-01-05/living/mf.presidential.pardons_1_pardon-peter-yarrow-presidential-race?_s=PM:LIVING.
14. «United States vs. Wilson—32 U.S. 150 (1833),» Justia.com: US Supreme Court Center, pp. 160–161, http://supreme.justia.com/cases/federal/us/32/150/case.html.
15. Ibíd., p. 161.
16. Ibíd. p. 162.
17. «About E. Stanley Jones», Fundación E. Stanley Jones, http://www.estanleyjonesfoundation.com/about-esj/. Cita de E. Stanley Jones, *Conversion* (Nueva York: Abingdon, 1959), p. 69, en la Christian Quotation of the Day, 7 junio 2005, http://www.cqod.com/index-06-07-98.html.

CAPÍTULO CUATRO: EL PRECIO DE LA VICTORIA

1. Paul «Bear» Bryant, citado en Pat Williams y Tommy Ford, *Bear Bryant on Leadership: Life Lesson from a Six-Time National Championship Coach* (Charleston, SC: Advantage, 2010), p. 147.

CAPÍTULO CINCO: ¿DÓNDE ESTÁ JESÚS?

1. Ilustración tomada de la conversación entre Kristy Villa y Donna Lee Toney durante la grabación de un segmento Biblioteca Billy Graham, 16 septiembre 2011, Lifetime TV, *Balancing Act*, coanfitriona Kristy Villa (nombre de su personaje) para Olga Villaverde, transmitida 21 octubre 2011. Usada con permiso.

2. «The Virgin Birth of Jesus : Fact or Fable?», Religious Tolerance: Ontario Consultants on Religious Tolerance, http://www.religioustolerance.org/virgin_b.htm.

3. «Do Atheists Deny the Existence or Jesus, or His Resurrection?», comentarios por Eric_PK y Dave Hitt, Ask the Atheists, 7-10 mayo 2009, http://www.asktheatheists.com/questions/433-do-atheists-deny-the-existence-of-Jesus.

4. «Why Are Atheists more Skeptical about Jesus than They Are About Alexander the Great?», pregunta planteada en Ask the Atheists, 25 octubre 2007, http://www.asktheatheists.com/questions/114-why-are-atheists-more-skeptical-about-jesus.

5. Michael J. Cummings, «The Man of the Millenium», Cummings Study Guide, 2003, http://www.cummingsstudyguides.net/xbiography.html.

6. Ibíd.

7. Derek Jacobi, citado en Cummings, «The Man of the Millenium».

8. Cummings, «The Man of the Millenium».

9. «Shakespeare Facts: Read Facts About Shakespeare», No Sweat Shakespeare, http://www.nosweatshakespeare.com/resources/shakespeare-facts.

10. Ben Jonson, «Preface to the First Folio (1623)», Shakespeare Online, http://www.shakespeare-online.com/biography/firstfolio.html, italics added.

11. Tom Reedy y David Kathman, «How We Know That Shakespeare Wrote Shakespeare: The Historical Facts», The Shakespeare Authorship Page, http://shakespeareauthorship.com/howdowe.html.

12. Ibíd.

13. Cummings, «Man of the Millennium».

14. Ibíd.

15. «Shakespeare Facts».

16. John Ankerberg y John Weldon, «The Evidence for the Resurrection of Jesus Christ» (artículo en PDF), p. 5, Philosophy and Religion, http://www.philosophy-religion.org/faith/pdfs/resurrection.pdf.

17. *London Law Journal*, 1874, citado en Irwin H. Linton, *A Lawyer Examines the Bible: A Defense of the Christian Faith* (San Diego: Creation Life Publishers, 1977), p. 36.

18. Ankerberg y Weldon, «Evidence for the Resurrections of Jesus», p. 6.

19. *Testimony of the Evangelists by Simon Greenleaf (1783–1853)*, http://law2.umkc.edu/faculty/projects/ftrials/jesus/greenleaf.html, Douglas O. Kinder, «The Trial of Jesus: Online Texts & Links», Famous Trials, Escuela de Leyes UMKC, Universidad de Missouri-Kansas City.

20. William Lyon Phelps, *Human Nature and the Gospel* (1925), citado en Howard A. Peth, *7 Mysteries Solved: 7 Issues That Touch the Heart of Mankind* (Fallbrook, CA: Hart Research Center), p. 206.

21. Charles Wesley, «Hymn for Easter Day» (1739), citado en Collin Hansen, «Hymn for Easter Day», Christian History, http://www.christianitytoday.com/ch/news/2005/mar24.html.

22. Citado en Ken Ham, «The Bible—"It's Not Historical"», publicado en Answersingenesis.org, 1 abril 2003, www.answersingenesis.org/articles/au/bible-not-historical.

23. Josefo, *Jewish Antiquities*, 18.3.3, citado en Gerald Sigal, «Did Flavius Josephus Provide Corrobative Evidence for Christian Claims?», Jews for Judaism, http://www.jewsforjudaism.org/index.php?option=com_content&view=article&id=158:did-flavius-josephus-provides-corroborative-evidence-for-christian-claims&catid=49:trinity&Itemid=501.

24. Tertuliano, *Apology, 5*, citado en Charles Germany, «The Historic Jesus», Rain of God, http://www.rainofgod.com/Article1.html, 15 septiembre 2008, de T. D. Barnes, *Tertullian: A literary and historical study* (Oxford: 1971).

25. W. O. Clough, ed., *Gesta Pilati; or the Reports, Letters and Acts of Pontius Pilate, Procurator of Judea, with an Account of His life and Death: Translation and Compilation of All the Writings Ascribed to Him as Made to Tiberius Caesar, Emperor of Rome, Concerning the Life of Jesus, His Trial and Crucifixión* (Indianapolis: Robert Douglass, 1880), http://books.google.com/books?id=IxY3AAAAMAAJ&pg=PA1&source=gbs_selected_pages&cad=3#v=onepage&q&f=false.

26. Julián el Apóstata, citado en Charles Germany, «The Historic Jesus», Rain of God, www.rainofgod.com/Article1.html, 15 septiembre 2008, de *Against the Galileans*, (1923), pp. 313–17.

27. Charles Germany, «The Historic Jesus», Rain of God, www.rainofgod.com/Article1.html, 15 septiembre 2008. La frase, «Venciste, Galileo» presenta el «Himno a Proserpina» (1866) de Algernon Charles Swinburne, en el cual el poeta imagina lo que Julián tiene que haber sentido sobre el surgimiento del cristianismo. Este poema puede encontrarse en The Victorian Web, http://www.victorianweb.org/authors/swinburne/hymn.html.

28. Platón, *Five Great Dialogues*, edición e introducción por Louise Ropes Loomis, tr. B. Jowett (Princeton, NJ: Van Nostrand, 1942), pp. 37, 38, 47. «I know that I know nothing», es la recolección del día presente de la famosa cita.

29. Louis Ropes Loomis, Introducción, en Platón, *Five Great Dialogues*, p. 7.

30. Creation Studies Institute, «Quotes About Jesus Christ», http://www.crea-tionstudies.org/Education/quotes-about-jesus.html.

31. Agustín, citado en J. Gilchrist Lawson, comp., *Greatest Thoughts about Jesus Christ* (Nueva York: Richard R. Smith, 1930, publicación original, 1919), p. 59.

32. Jean-Jacques Rousseau, *Profession of Faith of a Savoyard Vicar* (Nueva York: Peter Eckler, 1889), pp. 103–104 [*La profesión de fe del vicario sabo-yano de J. J. Rousseau* (Madrid: Alianza, 1998)].

33. Editores de baroquemusic.org, *Johann Sebastian Bach: His life and Work*, descargado en PDF (n.l.: New Horizon e-Publishers, s.f.), p. 25. http://www.arton.co/DLB/DLB05JohannSebastianBach.pdf.

34. Napoleón Bonaparte, citado en John B. C. Abbott, «Napoleon Bonaparte, December 10, 1815», en *Harper's New Monthly Magazine*, 10 (diciembre 1854–mayo 1855): pp. 177–79.

35. Vincent Van Gogh, *The Complete Letters of Vincent Van Gogh: Volumen III* (Boston: New York Graphic Society, 1978), p. 499.

36. Lord Byron, citado en Herbert W. Morris, *Testimony of the Ages or Confirmation of the Scriptures* (Filadelfia: J. C. McCurdy, 1880), p. 737.

37. H. G. Wells, «The Three Greatest Men in History», *Reader's Digest* (mayo 1935): pp. 12–13.

38. Charles Dickens, *The Letters of Charles Dickens*, ed. Graham Storey, vol. 12, 1868–1870 (Nueva York: Oxford UP) p. 188.

39. Daniel Webster, citado en J. Gilchrist Lawson, comp., *Greatest Thoughts About Jesus Christ* (Nueva York: Richard R. Smith, 1930, pub. orig. en 1919), p. 133.

40. *Select Speeches of Daniel Webster*, 1817–1845 (Boston: D.C. Heath, 1893), p. 391.

41. George Bancroft, citado en Lawson, *Greatest Thoughts About Jesus Christ*, p. 121.

42. Dr. Irmhild Baerend, traducido de un texto original. David Friederich Strauss, «Vergängliches und Bleibendes im Christenhum», 1838, citado en Philip Schaff, *The Person of Christ: The Miracle of History, with a Reply to Strauss and Renan and a Collection of Testimonies of Unbelievers* (Boston: American Tract Society), p. 341.

43. Schaff, *The Person of Christ*, pp. 48–49.

44. Ernesto Renan, *The Life of Jesus* (Nueva York: Random House/ Modern Library, 1955), pp. 65, 393.

45. Sholem Asch, citado en Ben Siegel, *The Controversial Sholem Asch: An Introduction to His Fiction* (Bowling Green, OH: Bowling Green University Popular Press, 1976), p. 148.

46. Sholem Asch, citado en Frank S. Mead, ed. and comp., *The Encyclopedia of Religious Quotations* (Westwood, NJ: Fleming H. Revell, 1965), p. 49.

47. William Albright, *Archaeology and Religion of Israel* (Baltimore: Johns Hopkins Press, 1968, pub. orig. en 1942), p. 176.

48. Nelson Glueck, *Rivers in the Dessert: A History of the Neguev* (Nueva York: Grove Press, 1959), p. 31.

49. Kenneth Scott Latourette, *A History of Christianity*, vol. 1, *Beginnings to 1500*, ed. rev. (San Francisco: Harper San Francisco, 1975), pp. 35, 44.

50. Mahatma Gandhi, *Gandhi and Non-Violence*, ed. Thomas Merton (Nueva York: New Directions, 1965), p. 34 [*Gandhi y la no-violencia* (Barcelona: Oniro, 1998)].

51. Pinchas Lapide, *Jewish Monotheism and Christian Trinitarian Doctrine*, un diálogo por Pinchas Lapide y Jürgen, trad. Leonard Swidler (Filadelfia: Fortress Press, 1981), p. 59.

52. Charles Malik, «These Things I Believe», http://www.orthodox.cn/catechesis/thesethingsibelieve_en.htm.

53. Malik, «Jesus Christ's Effects on Politics», Why-Jesus.com, http://www.why-jesus.com/politics.htm.

54. Kenneth L. Woodward, «2000 Years of Jesus», *Newsweek*, 28 marzo 1999, p. 55, reimpreso en *The Daily Beast*, http://www.thedailybeast.com/newsweek/1999/03/28/2000-years-of-jesus.html.

55. Charlton Heston, narrador, *Charlton Heston Presents the Bible: Jesus of Nazareth*, dir. Tony Westman (Burbank, CA: Warner Home Video, 2011), DVD. Esta cita aparece también incluida en una reseña editorial en http://www.amazon.com/Charlton-Heston-Presents-Bible-Nazareth/dp/B004GSVX62.

56. Laura Alsop, «Decoding da Vinci: How a Lost Leonardo was Found», CNN Living, 7 noviembre 2011, http://www.cnn.com/2011/11/04/living/discovering-leonardo-salvator-mundi/index.html.

57. *Materializing Religion: Expresion, Performance and Ritual*, eds. Elisabeth Arweck y William Keenan (Hampshire, Inglaterra: Ashgate Publishing Limited, 2006), p. 166; Roy Greenhill, Sr., «Handel's *Mesiah* Word Book», © 1998, http://tks.org/HANDEL/Messiah.htm.

58. Charlie, «Handel's *Mesiah*: A Brief History», AnotherThink: One Christian's View of Post-Modern Life (blog), http://www.anotherthink.com/contents/movies_books_music/20051218_handels_messiah_a_brief_history.html.

59. George Frideric Handel, «I Know That My Redeemer Liveth», http://www.tsrocks.com/h/handel_texts/aria_i_know_that_my_redeemer_liveth.html; para escuchar la música, se puede buscar una de las varias presentaciones disponibles en YouTube.

60. G. S. Viereck, «What Life Means to Eisntein», *Saturday Evening Post*, 26 octubre 1929, p. 117. Una transcripción de esta entrevista se puede encontrar en http://www.einsteinandreligion.com/meaninglife.html.

61. Pat Miller, «Death of a Genius», *Life*, 2 mayo 1955, p. 64.

62. Peter Larson, citado en David C. McCasland, «God Intrudes», *Our Daily Bread*, 12 diciembre 2006, http://odb.org/2006/12/12/god-intrudes.

63. Autor desconocido, citado en: «Quotes About Jesus Christ», Creation Studies Institute, http://www.creationstudies.org/Education/quotes-about-jesus.html.

64. James Hastings, ed., *The Great Texts of the Bible: Genesis to Numbers* (Nueva York: Charles Scribner's Sons, 1911), pp. 407–408.

CAPÍTULO SEIS: DEFINICIÓN DE CRISTIANISMO EN UN MUNDO DE DISEÑADOR

1. Dave Thier, «Facebook Has a Billion Users and a Revenue Question», *Forbes*, 4 octubre 2012, http://www.forbes.com/sites/davidthier/2012/10/04/facebook-has-a-billion-users-and-a-revenue-question.

2. Jeremy Noonan, «The Quest for Belonging: The Social Network and "The Inner Ring"», Musing and Motion, 1 marzo 2011, http://musingandmotion.wordpress.com/2011/03/01/the-quest-for-belonging-the-social-network-and-the-inner-ring/.

3. Tim Ghianni, «Facebook "Defriending" Led to Double Murder, Police Say», Reuters, 10 febrero 2012, http://in.reuters.com/article/2012/02/10/usa-facebook-murder-idINDEE81900L20120210.

4. Meghana RaoRane, «Where Do We Belong?», Dancing with Happiness: Finding Your Bliss Everyday (blog), 22 noviembre 2011, http://www.dancingwithhappiness.com/2011/where-do-we-belong.

5. Meghana RaoRane, «You belong in YOUR Life», Dancing with Happiness: Finding Your Bliss Everyday (blog), 8 septiembre 2011, http://www.dancingwithhappiness.com/2011/be-in-your-life.

6. Oliver Thomas, «Faith in America: Get Ready for Change», Foro en *USA Today*, 15 mayo 2011, http://usatoday30.usatoday.com/news/opinion/forum/2011-05-15-The-future-of-religion_n.htm.

7. Austin Cline, «Designer Religion», About.com: Agnosticism/Atheism, 15 agosto 2003, http://atheism.about.com/b/2003/08/15/designer-religion.htm.

8. «"Designer" Ad Campaign for Church», *BBC News*, 14 agosto 2003, http://news.bbc.co.uk/2/hi/uk_news/3149919.stm.

9. Cathy Lynn Grossman, «More Americans Tailoring Religion to Fit Their Needs», *USA Today*, 13 septiembre 2011, http://usatoday30.usatoday.com/news/religion/story/2011-09-14-america-religious-denominations/50376288/1.

10. Ibíd.

11. Ibíd.

12. «God, religion, atheism: "So What?"», *Asheville Citizen-Times*, 8 enero 2012, reimpreso de Cathy Lynn Grossman; «For many, "Losing my Religion" isn't just a song: It's Life», *USA Today*, 3 enero 2012, http://usatoday30.usatoday.com/news/religion/story/2011-12-25/religion-god-atheism-so-what/52195274/1.

13. Grossman, «More Americans».

14. Ibíd.

15. Robert Bellah, citado en Grossman, «More Americans».

16. Ibíd.
17. Grossman, «More Americans».
18. Citado en Billy Graham, «University of Life», sermón predicado en la cruzada 15 noviembre 1980 en Reno, Nevada.
19. Matt Buchanan, «Designing Windows 8 or: How to Redesign a Religion», Gizmodo, 6 febrero 2012, http://gizmodo.com/5882797/designing-windows-8 -or-how-to-redesign-a-religion.
20. www.facebook.com/religionof.individualism.
21. Stephen Harvey, «How to Start a Religion», filme breve, TVGuide, 7 diciembre 2008, http://video.tvguide.com/Comedy/How+To+Start+A+Religion/ 5085572.
22. Michael Kress, «The 12 Most Powerful Christians in Hollywood» (transparencias), Kristin Chenoweth, Beliefnet, 8 septiembre 2008, http://www. beliefnet.com/Faiths/Christianity/2008/09/The-12-Most-Powerful-Christians-in-Hollywood.aspx?b=1&p=9.
23. Descripción compilada de respuestas dadas a una pregunta sobre calcomanías de Coexist en Yahoo! Foro de respuestas, http://answers.yahoo.com/question/ index?qid=20100622155821AAID0JM. Las pegatinas que aparecen en los parachoques de los automóviles se refieren a un sitio en la Internet llamado peacemaker.org y parecen no tener conexión alguna con la Fundación Coexist, cuyo sitio en la Internet se identifica como «una organización de caridad establecida en 2006 para promover el mejor entendimiento entre judíos, cristianos y musulmanes —la fe abrahámica— mediante la educación, el diálogo y la investigación». Ver http://coexist-foundation.net/en-gb/page/4/about-us.htm. El logo de la Fundación Coexist es superficialmente similar a las pegatinas de parachoques pero contienen solo los símbolos del islam, el judaismo y el cristianismo.
24. El sitio Chrislam.org en la Internet describe a esta organización como Islamic-Christian National Dialogue Committee.
25. Meg Grant y Lawrence Grobel, «Sharon Stone Opens Up», AARP, 19 enero 2012, http://www.aarp.org/entertainment/movies-for-grownups/info-01-2012/sharon-stone-interview.html.
26. Brett McCracken, «Hipster Faith», *Christianity Today*, 3 septiembre 2010, http://www.christianitytoday.com/ct/2010/september/9.24.html.
27. Jon Meacham, «The Decline and Fall of Christian America», *Newsweek*, 13 abril 2009, p. 36, reimpreso como «The End of Christian America» en *The Daily Beast*, http://www.thedailybeast.com/newsweek/2009/04/03/the-end-of-christian-america.html.
28. http://www.imdb.com/title/tt0254007; *Wikipedia*, s.v. «Belonging», última modificación, 20 diciembre 2012, http://en.wikipedia.org/wiki/Belonging_ %28TV_series%29.
29. Alana Lee, «James Caan *Elf* Interview», BBC Home, noviembre 2003, http:www.bbc.co.uk/films/2003/11/13/james_caan_elf_interview.shtml.
30. Starhawk, Wisdom Quotes: Quotations to Challenge and Inspire, http:// www.wisdomquotes.com/quote/starhawk.html.

31. Craig Johnson, «Is Self Mariage for You?», HLN, 17 octubre 2012, http://www.hlntv.com/article/2012/05/31/self-marriage-woman-marries-herself-would-you.

32. Katerina Nikolas, «Woman Marries Herself, Vows Lifelong Affair with Beautiful Self», *Digital Journal*, 27 mayo 2012, http://www.digitaljournal.com/article/325564.

33. Craig Johnson, «Is Self Mariage for You?».

34. Zach Wahls, *My Two Moms: Lessons of Love, Strength, and What Makes a Family* (Nueva York: Gotham, 2012).

35. Ver Jena McGregor, «Chick-fil-A President Dan Cathy Bites into Gay-Marriage Debate», Post Leadership (blog), *Washington Post*, 19 julio 2012, http://www.washingtonpost.com/blogs/post-leadership/post/chick-fil-a-president-dan-cathy-bites-into-gay-marriage-debate/2012/07/19/gJQACr-vzvW_blog.html.

36. Tony Patterson, «Dutch Heartbreak Hotel Gives 48-Hour Divorces», *The Independent*, http://www.independent.co.uk/news/world/europe/dutch-heartbreak-hotel-gives-48hour-divorces-2305618.html.

37. «The War on Baby Girls: Gendercide», *The Economist*, 4 marzo 2010, http://www.economist.com/node/15606229.

38. «MSNBC Host: "Gendercide" Is a Constitutional Right», *The Blaze*, 31 marzo 2012, http://www.theblaze.com/stories/msnbc-gendercide-is-a-constitutional-right.

39. «About», Occupy Wall Street (sitio en la red)), http://occupywallst.org/about/.

40. «Hands Lyrics by Jewel», Songfacts Lyrics, http://lyrics.songfacts.com/detail.php?id=2350364. Comentarista sin nombre.

41. Comentarista sin nombre en «Who will Save Your Soul?» por Jewel, Songfacts, http://www.songfacts.com/detail.php?id=1907.

42. «Who will Save Your Soul? Lyrics by Jewel», Songfacts Lyrics, http://www.azlyrics.com/lyrics/jewel/whowillsaveyoursoul.html.

43. Janice Taylor, «25 Ways to Feed Your Soul: Stop the Insanity», The Blog, *Huffpost Healthy Living*, 18 mayo 2012, http://www.huffingtonpost.com/janice-taylor/soul-tips_b_1512587.html.

44. Douglas Coupland, *The Gum Thief* (Nueva York: Bloomsbury USA, 2007), p. 22.

45. María Theresa Ib, «Mind Over Myth?: The Divided Self in the Poetry of Sylvia Plath», http://www.sylviaplath.de/plath/dividedself.html.

46. «Edgar Allan Poe», Poet's Graves, http://www.poetsgraves.co.uk/poe.htm

47. «12 ways to Find Your SoulMate», Phyllis King: The Common Sense Psychic, http://www.phyllisking.net/submnu-12-Ways-to-Find-Ur-S.html.

48. The Puritan Board, «Great Reformed Quotes», Roderick E, 11 febrero 2009, www.puritanboard.com/f48/great-reformed-quotes-43723.

49. Simon Greenleaf, *The Testimony of the Evangelists: The Gospel Examined by the Rules of Evidence Administered in Courts of Justice* (Grand Rapids: Kregel Classics, 1995, orig. pub. 1874), p. 13.

50. Kyle Longest, «Finding Faith», *Furman: For Alumni and Friends of the University,* Spring 2012, p. 13.

51. Ibíd.

CAPÍTULO 7: EN EL INFIERNO NO HAY ESPERANZA DE HORA FELIZ

1. Michael Paulson, «What Lies Beneath: Why Fewer Americans Believe in Hell than in Heaven». Boston.com, 29 junio 2008, http://www.boston.com/bostonglobe/ideas/articles/2008/06/29/what_lies_beneath/?page=full.

2. Nota de editores para Alice K. Turner, *The History of Hell* (Nueva York: Mariner Books, 1995), www.ebay.com/itm/History-Hell-/170859555656, accedido 9 noviembre 2012.

3. Jerry L. Walls, Books in Review, resumen del libro *The Formation of Hell* por Alan E. Bernstein (Ithaca, NY: Cornell UP, 1994), http://www.leaderu.com/ftissues/ft9410/reviews/walls.html.

4. Jeff Long, «About the Author», RandomHouse.com, http://www.randomhouse.com/features/thedescent/author.html. El libro discutido es Jeff Long, *El Descenso* (Nueva York: Crown, 1999) [*El descenso*, (Barcelona: Grijalbo, 2000)].

5. *Tucson Weekly*, reseña editorial de Cody Lundlin, *When All Hell Breaks Loose: Stuff You Need to Survive When Disaster Strikes* (Layton, Utah: Gibbs Smith, 2007), citado en Amazon.com, http://www.amazon.com/When-Hell-Breaks-Loose-ebook/dp/B001OM52GK.

6. «Earth's Center Hotter than Sun's Surface», *The Birmingham News*, 10 abril 1987, citado en «Earth-Diameter», CBSENEXT, http://www.cbsenext.com/cfw/earth-diameter.

7. Dan Lathrop, citado en Susan Kruglinski, «Journey to the Center of the Earth», *Discover*, 8 junio 2007, p. 2, http://discovermagazine.com/2007/jun/journey-to-the-center-of-the-earth#.UO2ke3dGZOw.

8. Ibíd.

9. «Derweze, Turkmenistan: The Gates of Hells», *Atlas Obscura*, http://atlasobscura.com/place/the-gates-of-hell.

10. Dante Alighieri, *La divina comedia, El infierno* (MobileReference, 2009), Canto III, linea 9, http://books.google.com/books?id=HBdZ2hC5vMwC&printsec=frontcover&dq=comedia+divina+dante&hl=en&sa=X&ei=Br8TUrjkAuOR2QWIvYGoAQ&ved=0CC8Q6AEwAA#v=onepage&q=comedia%20divina%20dante&f=false.

11. Stephen Greenblatt, «The Answer Man», *New Yorker*, 8 agosto 2011, http://www.newyorker.com/reporting/2011/08/08/110808fa_fact_greenblatt?currentPage=all.

12. Ibíd.

13. Ibíd.

14. Ibíd.

15. Wikipedia, s.v. «The Gates of Hell», última modificación 21 diciembre 2012, http://en.wikipedia.org/wiki/The_Gates_of_Hell; para información

de *The Thinker*, ver http://www.musee-rodin.fr/en/collections/sculptures/thinker.

16. Lord De Cross, «Isaac Asimov—We Did Find the Genius Behind the Man», *Creative Writing for Entertainment*, http://lorddecross.hubpages.com/hub/Issac-Assimov-The-genius-behind-the-man.

17. «Isaac Asimov Top 10 quotes», iPerceptive, http://iperceptive.com/topquotes/isaac_asimov_top_quotes.html.

18. Jean Rostand, «I should have no use for a paradise», Dictionary.com. *Columbia World of Quotations* (Nueva York: Columbia UP, 1996), http://lorddecross.hubpages.com/hub/Issac-Assimov-The-genius-behind -the-man.

19. «Imagine Lyrics by John Lennon», Songfacts Lyrics, http://lyrics.songfacts.com/detail.php?id=773091.

20. «Wang Saen Suk Hell Gardens Welcome Visitors to Hell», TrendHunter Lifestyle, 15 junio 2012, http://www.trendhunter.com/trends/wang-saen-suk -hell-gardens.

21. Michael Morris, Lynette Johns, Johan Scronen, Henri du Plessis, Norman Joseph, «When the Underworld Seeps into the Mainstream», iol News, 4 agosto 2003, http://www.iol.co.za/news/south-africa/when-the-underworld -seeps-into-the-mainstream-1.110849.

22. «Hell Ain't a Bad Place to Be—The Story of Bon Scott», nota de prensa descargada en PDF de bonscott.com, http://www.bonscott.com.au/bon/images/stories/the-story-of-bon-scott-media-release.pdf. Ver también la página del show en http://www.ticketmaster.com.au/Hell-Aint-A-Bad-Place -To-tickets/artist/1592642?tm_link-artist_artistvenue_module.

23. «Only the Good Die Young Lyrics by Billy Joel», Songfacts Lyrics, http://lyrics.songfacts.com/detail.php?id=180690.

24. Letras citadas en Dr. David R. Reagan, «Satan's Story: Past, Present and Future», Lamb & Lion Ministries, http://www.lamblion.com/articles/articles_doctrines8.php.

25. «Straight to Hell: Official Press Realease», The Official Website: KathyGriffin, 5 noviembre 2007, http://kathygriffin.net/Press/nbc20071105.php.

26. Bandchris, comentario en «Favorite Kathy Quotes», Kathy Griffin foro oficial, 14 octubre 2008, http://kathygriffin.net/phpBB2/viewtopic.php?f=5&t=15685&start=30.

27. George Bernard Shaw, *Man and Superman* (1903), acto 3, Bartleby.com, http://www.bartleby.com/157/3.html.

28. Alan Cairns, «Alan Cairns Quotes», GoodReads, http://www.goodreads.com/author/quotes/140391.Alan_Cairns.

29. Cartel de la película, *The Gates of Hell* (2008), http://www.imdb.com/title/tt1191114/.

30. *Neighbors From Hell*, TBS.com, «About the show», http://www.tbs.com/stories/story/0,218318,00.html.

31. Ben Marshall, «What is Hell.com and how do I get in?», TV and Radio Bog, *The Guardian*, 18 julio 2007, http://www.guardian.co.uk/culture/tvandradioblog/2007/jul/18/whatishellcomandhowdoig.

32. Stephen (el apellido se mantiene en privado), «What is/Was Hell.com—The Real Answer?», The Coffee Desk, 27 octubre 2009, http://thecoffeedesk. com/news/index.php/2009/10/27/what-is-www-hell-com.

33. «Overview» (del tema del infierno en juegos de video), Giant Bomb, http://www.giantbomb.com/hell/95-24.

34. «Hell Divine Releases "Upcoming Hell Volume VI" Anthology», Metal Underground, 17 marzo 2012, http://www.metalunderground.com/news/details.cfm?newsid=78561.

35. «Metallica—The Prince Lyrics», Lyrics007, http://www.lyrics007.com/Metallica Lyrics/The Prince Lyrics.html.

36. «AC/DC—Highway to Hell Lyrics», Lyrics007, http://www.lyrics007.com/AC DCLyrics/Highway To Hell Lyrics.html.

37. «Venom—Satanachist Lyrics», Lyricsty, http://www.lyricsty.com/venom-satanachist-lyrics.html.

38. Justin Donnelly, entrevista con Geezer Butler, publicada de nuevo como «Heaven and Hell's Geezer Butler Discusses "The Devil You Know"», Blabbermouth.net, 20 abril 2009, http://www.blabbermouth.net/news/heaven-hell-s-geezer-butler-discusses-the-devil-you-know/.

39. «Humanists of the Year», American Humanist Association, http://www.americanhumanist.org/AHA/Humanists_of_the_Year.

40. Judi McLeod, «Ted Turner May Have Inspired UN 13 Moon», Canada Free Press, 19 mayo 2005, http://www.canadafreepress.com/2005/cover051905.htm.

41. Ted Turner, conferenciante en el almuerzo del National Press Club, 27 septiembre 1994, transcripción (Washington, DC: Federal News Service, 1994), p. 23.

42. Cliff Vaughn, «Ted Turner Talks about His Faith», Ethics Daily, 28 febrero 2003, http://www.ethicsdaily.com/ted-turner-talks-about-his-faith-cms-2247.

43. Norman Mailer, On God: An Uncommon Conversation (Nueva York: Random House, 2007), p. 21.

CAPÍTULO 8: ÉL VOLVERÁ

1. Robbie Collins, «The Dark Knight Rises: A Comprehensive Review», The Telegraph, 19 julio 2012, http://www.telegraph.co.uk/culture/film/filmreviews/9412391/The-Dark-Knight-Rises-a -comprehensive-review.html.

2. Geoff Boucher, «The Dark Knight Rises: Christopher Nolan's Gotham, Back in Black», Hero Complex (blog), Los Angeles Times, 21 julio 2012, http://herocomplex.latimes.com/2012/07/21/dark-knight-rises-christopher-nolans-gotham-back-in-black.

3. Ernstthomas18 (lector/reviewer), «Absolute Perfection», Críticas y evaluación para El caballero de la noche asciende, IMDb, 7 julio 2012, http://uk.imdb.com/title/tt1345836/reviews?start=20.

4. Dave Trumbore, «New Look at THE DARK KNIGHT RISES Batsuit; Christopher Nolan Comments on his BATMAN Trilogy», Collider.com, 11 enero 2012, http://collider.com/Christopher-nolan-the-dark-knight-rises -batsuit/137256.

5. Citado en Boucher, «The Dark Knight Rises».

6. Citas de *Batman: el caballero de la noche asciende*, www.imdb.com/title/ tt1345836/quotes; y «A Fire Will Rise», avance promocional para la película, https://buz.fm/buz.php/25222618/Premiering-July-20th-A-Fire-Will-Rise -and-The-Legend-Will-End---The-Dark-Knight-Rises.

7. Chelsea J. Carter, «Movie Massacre: "Oh My God, This Really Is Happening"», CNN.com, 27 julio 2012, http://www.cnn.com/2012/07/21/us/colorado -shooting-narrative.

8. Ibíd.

9. Comentarios de sobrevivientes escuchados en reportes de prensa por la televisión sobre los disparos aquella noche.

10. Bryan Enk, «Christopher Nolan Calls Colorado Shooting "Unbearably Savage"», 20 julio 2012, http://www.nextmovie.com/blog/christopher-nolan -colorado-official-statement.

11. Jeff Jensen, «Batman. Bane. Catwoman. That Ending! Time to Talk About "The Dark Knight Rises"—But Only if You've Seen It», EW.com PopWatch, 21 julio 2012, http://popwatch.ew.com/2012/07/21/batman-bane-catwoman-that- ending -time-to-talk-about-the-dark-knight-rises-but-only-if-youve-seen-it.

12. John W. Gardner, *No Easy Victories*, ed. Helen Rowan (Nueva York: Harper Colophon, 1968), p. 57.

13. Citado en BJ Penner, «BJ Penner: A Different World» (cartas al editor), *Merced Sun-Star*, http://www.mercedsunstar.com/2012/01/11/2187711/ bj-penner-a-different-world.html.

14. Almirante Jim Stockdale, citado en Jim Collins, *Good To Great: Why Some Companies make the Leap... and Others Don't* (Nueva York: Harper Business, 2001), p. 85.

15. Citado en Billy Graham, «University of Life», sermón predicado en la cruzada 15 noviembre 1980 en Reno, Nevada.

16. «That's My King» (transcripción y video), Not Just Notes! http://www.not-justnotes.ws/thatsmyking.htm; YouTube; Dr. S.M. Lockridge, «Do You Know Him? That's My King».

17. «Doomsday Clock ticks one minute closer to Armageddon», *The Telegraph*, 10 enero 2012, http://www.telegraph.co.uk/news/newsvideo/9006352/Doomsday -Clock-ticks-one-minute-closer-to-to-Armageddon.html.

18. Paul Alster, «Taking the Pulse of Armageddon as Israel–Iran Showdown Looms», FoxNews.com, 25 agosto 2012, http://www.foxnews.com/world/ 2012/08/25/taking-pulse-armageddon-as-israel-iran-showdown-looms/ #ixzz2BmzrLR48.

Acerca del autor

BILLY GRAHAM, AUTOR, PREDICADOR Y evangelista de renombre mundial, ha predicado cara a cara el mensaje del evangelio a más seres humanos que cualquier otra persona en la historia, y ha ministrado en cada continente del mundo, en más de 185 países. Millones han leído sus clásicos inspiradores, entre ellos: *Ángeles, El secreto de la paz personal, El Espíritu Santo, Esperanza para el corazón afligido, Nacer a una nueva vida, Casi en casa* y *La jornada.*